# 天才と名人

## 中村勘三郎と坂東三津五郎

長谷部浩

JN229447

文春新書

1066

# 天才と名人　中村勘三郎と坂東三津五郎◎目次

## ［中村勘三郎家］

中村屋

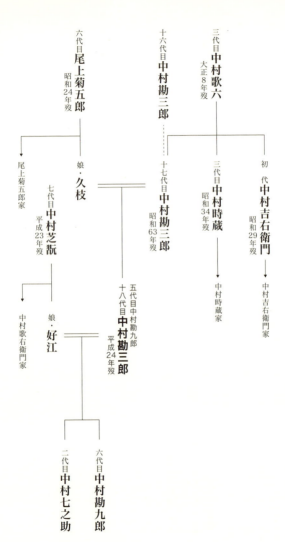

三代目**中村歌六**
大正8年歿

十六代目**中村勘三郎**

六代目**尾上菊五郎**
昭和24年歿

初代**中村吉右衛門**
昭和29年歿

中村吉右衛門家

三代目**中村時蔵**
昭和34年歿

中村時蔵家

十七代目**中村勘三郎**
昭和63年歿

娘・**久枝**

尾上菊五郎家

七代目**中村芝翫**
平成23年歿

五代目中村勘九郎
十八代目**中村勘三郎**
平成24年歿

娘・**好江**

中村歌右衛門家

六代目**中村勘九郎**

二代目**中村七之助**

＊参考文献『かぶき手帖』2016年版

【坂東三津五郎家】大和屋

【守田勘弥家】喜の字屋・大和屋

【坂東秀調家】大和屋

十二代目守田勘弥 明治30年歿

- 二代目坂東秀調 明治34年歿
  - 娘 ＝ 三代目坂東秀調 昭和10年歿
    - 養子 四代目坂東秀調 昭和60年歿
    - 七代目坂東又太郎（転業）
    - 十代目市川高麗蔵 昭和56年歿
      - 五代目坂東秀調
    - 九代目坂東三津五郎 平成11年歿
- 七代目坂東三津五郎 昭和36年歿
  - 八代目坂東三津五郎 昭和50年歿
    - 娘・喜子 ＝ 九代目坂東三津五郎
      - 十代目坂東三津五郎 五代目坂東八十助 平成27年歿
        - 二代目坂東巳之助
- 十三代目守田勘弥 昭和7年歿
  - 初代坂東好太郎 昭和56年歿
    - 二代目坂東吉弥 平成16年歿
    - 初代坂東彌十郎
      - 初代坂東新悟
  - 養子 十四代目守田勘弥 四代目坂東玉三郎 昭和50年歿
    - 養子 五代目坂東玉三郎
- 三代目坂東玉三郎 明治38年歿

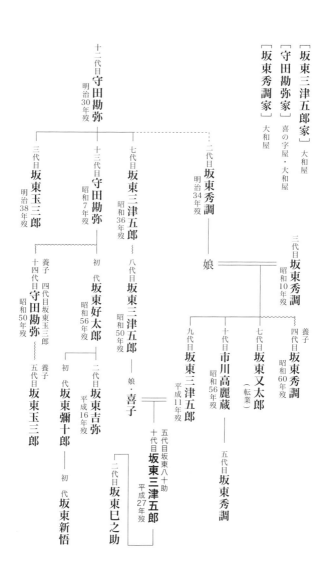

# 一、勘三郎の死

**勘三郎五十七歳**
**三津五郎五十六歳**

十二月は残酷な月だ。

平成二十四年の十二月五日の午前二時三十三分、十八代目中村勘三郎《なかむらかんざぶろう》は、急性呼吸窮迫症候群《きゅうせいこきゅうきゅうはくしょうこうぐん》のために文京区の病院で死去した。享年五十七歳。

私はこの日の朝、訃報を知った。容態がよくないことは、すでに知られていた。三日の夜には東京新聞の担当者藤英樹から電話で「重態と伝えられているが、何かご存じありませんか」と、問い合わせが入っていた。私も胸騒ぎがしたので、坂東彌十郎《ばんどうやじゅうろう》の携帯にまず掛けてみた。「いや、なにも聞いていませんよ」とそっけない返事だった。次に坂東三津五郎《ばんどうみつごろう》に掛けた。「いや、わからないんですよ。心配だね」と、これもまた取り付くしまがなかった。今思えば、ふたりは意識がもうない勘三郎の病室に呼ばれて、最後のお別れをすませていたはずで、厳しい箝口令《かんこうれい》が敷かれていたのだろう。

## 役者になるために生まれてきた男

不安を抑えきれないままに、五日を迎えた。訃報を聞くとすぐに新聞各社から追悼文の依頼が来た。役者になるために生まれてきた男、波野哲明《のりあき》がこの世を去った。追悼文を綴るうちに、この事実を否応もなく突きつけられていた。

十日には小日向の自邸でお通夜があった。闘病のためにやせ衰えた顔は、とても見るにしのびなかった。私の人生を大きく動かしたこの歌舞伎役者がもういない。到底、この事実を受け入れられなかった。

招き入れられた精進落としの席では、当時まだ少年だった初代片岡千之助《せんのすけ》、初代中村鷹之資《たかのすけ》、五代目市川團子《だんこ》と隣り合わせになった。まだ、お斎《とき》の席の意味がわからない團子君が無邪気にしているのをほほえましく見た。若い三人のエネルギーがあったから、辛い時間を耐えられたように思う。離れたところに大竹しのぶや、野田秀樹、串田《くしだ》和美《かずよし》がいたが、黙礼しただけで特に話はせずに、すぐに辞した。

翌、十一日は告別式だった。通夜に伺ったので重ねていくのはどうかと思ったが、行かなければきっと後悔する。そんな気がした。当時、私は文京区本郷に住んでいたので、同じ区の小日向とはさしたる距離はない。タクシーを拾ってしまえば、十五分もかからない。家で机に向かっていても何も手につかなかったので、喪服に着替えて告別式に向かった。勘三郎が天性陽気な役者だったからか、空は雲ひとつなく晴れ渡っていた。キンとした冬の空気に身が引き締まった。

勘三郎邸のすぐ隣の神社で弔問の客たちは、日だまりのなかで思い出話をしつつ、出棺を待った。

長男勘九郎、次男七之助らに担がれた白い棺が邸から出てきた。黒い霊柩車に乗せられた。白い紙吹雪がまきあがり、降りかかった。晴れなのに雪なのか。涙が止まらなくなった。

それからしばらく放心の日が続いた。本葬は、歌舞伎座の千穐楽《せんしゅうらく》が終わってからがこの世界の習いである。二十七日を待って、築地本願寺で行われた。

家を十一時に出て、四十分についたが、もう、本堂は満員の人で埋まっていた。祭壇の奥には中村座の定式幕がかかっていた。左右には、家紋の角切銀杏《すみきりいちょう》があしらわれていた。読経がはじまった。人々のすすりなく声が堂のなかに満ちていった。

## 同学年だった二人

日本俳優協会会長の四代目坂田藤十郎に続いて、勘三郎の刎頸《ふんけい》の友、三津五郎が弔辞を読んだ。

勘三郎は昭和三十年五月三十日生まれ。三津五郎は翌昭和三十一年の一月二十三日に、本名守田寿《もりたひさし》として生まれているから、学校では同学年にあたる。幼い頃からライバルと目され、藝を競い合ってきた三津五郎は、淡々とはじめた。喪服から取り出した紙の白が目に染みた。

「哲明さん。哲ちゃん。あなたの祭壇の前で、私が弔辞を述べるなどというこの光景は、誰が想像したでしょう。いまだに芝居か映画の一コマのようで、まったく現実感がありません。

君は僕の半年前に生まれ、気づいたら僕の前を歩いていました。小学二年生のときに、『白浪五人男』で初めて共演した時（長谷部註・昭和三十八年七月　歌舞伎座／以下、括弧内同）には、あなたはもう天才少年、勘九郎坊やとして人気でした。その後も、君はずっと僕の前を歩き続け、僕は、あなたに遅れまいと、離されまいと、必死に走り続けてきました。だから、いまの僕があるのはまったく君のお陰で、心から深く感謝しています。

小さい頃から仲よくしてもらい、いたずら好きの君と一緒に歌舞伎座の機関室でドライアイスを手に入れて、六代目中村歌右衛門《なりこまやのおじさん》がお風呂にお入りになる前にいれてしまい、こっぴどく怒られたこと」

三津五郎は、弔辞を記した紙を読んではいなかった。心に落ちた言葉を役者として音にしていた。

「高校時代、お城好きの僕が、城めぐりの旅をしたときに、『僕も一緒に連れて行ってくれ』というので夜行列車に乗って金沢に行き、福井の丸岡城をめぐって、京都に寄って都をどりを観ていく、ふたりっきりの旅行もしました。

信じられないことにぁあのころの君は、『寿ちゃん僕はねぇ、お酒の席でお酌をするような女性はきらいなんだよ』という清純派でした。それが、都をどりの舞台の上から、ある芸妓さんにウインクをされてから一変。『ねぇ寿ちゃん。なんであの人僕たちにウインクしたんだろう?』『ただの気まぐれかいたずら心じゃないかな』『でもさ、気にならなければあんなことしないよね。だって、ウインクだよ! ウインク!』と十分おきに起こされて、眠れなかったことも懐かしい思い出です。

あの頃は若く、毎日のように会っては、いろんな夢を語り合った。だけど二十代のころは僕たちにはなかなか活動の場が与えられず、君は当時の社長に掛け合ってくれて、開演前の八時三十分から、『寺子屋』を勉強させてもらったことがありました（昭和六十年五月　歌舞伎座「若手歌舞伎鑑賞会」）。十七代目勘三郎《おじさん》がまだお元気で、小日向のお宅で一生懸命稽古をしてくださいました。僕たちの世代で歌舞伎座を開けたいという思いを叶えたのが納涼歌舞伎。その第一回の千穐楽（平成二年八月）で客席を見上げると三階まで一杯のお客様。おもわず目頭が熱くなり、手を取り合って喜んだことを今でも覚えています。その後、納涼歌舞伎は看板公演のひとつとなり、古典の大役から野田（秀樹）さんや（渡辺）えりさんの新作までさまざまな芝居を勉強させてもらいました。

これもひとえに、君の発案と企画、行動力で、みんなを強力に引っ張っていってくれたからだと感謝しています。その納涼歌舞伎も、歌舞伎座閉場にともない、しばらくお休みとなり、実はこの二年半は、ふたりの共演が一番少ない時期でした」

ここで三津五郎は一息置いて、気持ちを整えている。

「その間、君はひとつの病を克服し、迎えた（平成二十四年）二月の勘九郎襲名公演（新橋演舞場）で君がこれまで蓄えてきた藝が底光りするような、あまりにも素晴らしい出来だったので、『今度のは素晴らしい、恐れ入った』というと、君は照れ笑いしていたけれど、明らかにまたひとつ高い藝境へすすんだことが分かり、さらに、追いかけなくっちゃと思っていた矢先でした。

長いつきあいでしたが、性格があまりに違いすぎたせいか、喧嘩をしたことがありません。芝居も踊りも持ち味が違い、二十代から八回も演じた『棒しばり』。はじめの頃は、『お前たちのようにバタバタやるもんじゃない、春風が吹くようにフワッとした感じでやるものだ』と、諸先輩から注意を受けましたが、お互いに若く、負けたくないという心から、なかなかそのようにできなかった。

それが、お互いに四十を超えた七回目の上演（平成十年八月　歌舞伎座）のとき、『やっと先輩たちの言っていた境地の入口に立てた気がするね』と握手をし合ったことを忘れません。長年の経験を経て、お互いに負けたくないという意識から、君には僕がいる。僕には君がいるという幸せと感謝に生まれ変わった瞬間だったように思います。

その『棒しばり』も『三社祭《さんじやまつり》』『勢獅子《きおいじし》』『団子売《だんごうり》』『身替座禅《みがわりざぜん》』も、いつかはやろうと約束していた『峠《とうげ》の萬歳《まんざい》』『夕顔棚《ゆうがおだな》』、もう一緒にやることができないと思うと、言いようのない悲しみと寂しさで、心に大きな穴があき、生きる楽しみがなくなっちゃったみたいです」

## 「肉体の藝術ってつらいね」

ここまできたとき、三津五郎はこらえきれずに涙声になった。

「いまでも目をつぶれば、横で踊っている君の息遣い。いたずらっぽい、あの目の表情。躍動する体が蘇ってきます。肉体の藝術ってつらいね……。そのすべてが消えちゃうんだもの。本当に寂しい……、辛いよ……。でも、その僕の辛さより、もっと、もっとつらい思いをして、君は病と闘ったんだよね。苦しかったろう……、辛かったろう……。今、少しでも楽になれたのだとしたら、それだけが救いです」

役者らしく気持ちと息を整えているのがわかった。

「そんな大変な手術をするのに、僕が初めて挑戦した一人芝居を気遣ってくれて、『観に行けないけれど「芭蕉（通夜舟）」頑張ってね』と、メールをくれた君の優しさが、残された文字を見る度に胸に突き刺さります。

君がいてくれたおかげで、この五十六年間、本当に楽しかった。ありがとうね。哲明。君は交友関係も広く、活動の場も広かったから、さまざまな人の心に、さまざまな思いを残したと思うけど、僕は五十年間一緒に藝を勉強し続けた友人として、不屈の信念で身体に宿った魂、人の何倍もの努力によって培った藝の凄みで、誰にも真似のできぬ藝の境地に立った歌舞伎役者だったことを、伝え続けたいと思います」

三津五郎は自分自身に言い聞かすように続けた。

「君の真似はできないし、やり方は違うかもしれないけれど、雅行君(勘九郎)、隆行君(七之助)、七緒八《なおや》くんと一緒にこれからの歌舞伎をしっかり守り、戦い続けることを誓います。

これで、しばらくは一緒にやれなくなったけれど、僕がそちらに行ったら、また、一緒に踊って下さい。そのときのために、また、稽古しておきます。

最後に、僕たち同世代の役者、また、君に続く、後輩たちを代表して、この言葉を捧げます。中村勘三郎さん、波野哲明さん、今日まで本当に、本当に、ありがとうございました」

実のこもった弔辞だった。十五代目片岡仁左衛門、野田秀樹の弔辞が続いた。葬儀委員長、喪主ふたり勘九郎、七之助の挨拶があり、会は終わった。その一刻、一刻に、亡くなった人を悼む気持ちが、伽藍を埋めていた。焼香を終えて、外に出ると冬らしい青空だった。その果てしない青に、勘三郎を思うたくさんの人々の気持ちが吸い込まれていった。

この弔辞を読んだとき、三津五郎は自分自身の健康に何の疑いも持っていなかったろう。そうでなければ、勘九郎、七之助、七緒八とともに、歌舞伎を守っていく誓いがなされたりはしなかったろうと思う。

人生は皮肉なことに、翌二十五年の七月には健康だと信じていた三津五郎の膵臓に腫瘍が見つかる。八月恒例の「納涼歌舞伎」の舞台が控えている。異状を知りつつも、三津五郎は勘三郎とともに始めた思い出の舞台に立った。

そして、一年半後。平成二十七年二月二十一日。三津五郎に唐突な結末が訪れるとは知るよしもなかった。

# 二、元気でやんちゃな勘九郎ちゃん

## 勘九郎三歳

波野哲明は、父、十七代目勘三郎、母、六代目尾上菊五郎の長女久枝のもとに生まれた。十七代目勘三郎は、明治四十二（一九〇九）年に三代目中村歌六の三男として生まれた。兄は明治の終わりから大正、昭和を代表する名優の初代中村吉右衛門。次兄は時播磨として名の高い、女方の三代目中村時蔵《ときぞう》。兄ふたりとは異なる母親のもとに生まれ、育った。

大正五年、七歳で十七代目が三代目中村米吉を名乗り、市村座で初舞台を踏んだ。六代目菊五郎と吉右衛門が藝と人気を競った劇場で、のちに「市村座時代」と懐古される時代である。米吉の初舞台を披露する「口上」の幕で、三十歳になっていた吉右衛門が「ここに控えておりまする私の伜、ではない弟の……」といって、お客がどっと笑った話が残っている。それほど長兄吉右衛門と末弟米吉とは、年齢差があった。

米吉から名を改め、四代目中村もしほを襲名していた十七代目と、六代目菊五郎の長女が結ばれた経緯については、十八代目勘三郎の姉で新派女優の、波乃久里子が、母久枝の日記をもとにまとめた『菊日和』（雄山閣　二〇〇五年）に詳しい。

市村座では、時代物が得意な初代吉右衛門と世話物《せわもの》を家の藝とする六代目菊五郎が覇を競い、人気を集めた。舞台では火花を散らすようなライバルでありながら、六代目は家に帰ると「吉右衛門《なみの》は偉いよ、と、いつもその芸と努力を誉めていたそうですから、その弟を婿に取ることで、将来の歌舞伎の地図を描こうとしていたのかも知れません」（同前）と波乃久里子は推測している。

酒や遊びに溺れて必ずしも評判のよくなかったもほと、六代目が手塩にかけて育てた大事なお嬢さんの結婚話には反対が多く、遅々として進まなかった。本土空襲が激しくなっていた昭和十九年になって、ようやくふたりは結ばれている。

なぜ、歌舞伎役者となると、こうした血統が必ず話に出るのか。

それは単に「血統」だけではなく「藝統」の問題がともなうからだ。勘九郎（のちの十八代目勘三郎）は、生まれ落ちたときから、さまざまな「藝統」を受け継ぐべき立場にあった。伯父初代吉右衛門の得意とした時代物の演目、また母方の祖父六代目菊五郎が五代目菊五郎から引き継いだ世話物や踊り、そして父方の祖父三代目歌六が東京ではなく上方の出身だったために、上方歌舞伎の血も父十七代目は継承していた。このように幅広い歌舞伎狂言の演目を、父十七代目を通して「家の藝」として受け継ぐ宿命を負っていた。「負っていた」と書いたが、これは宿命であり、また権利でもある。初代吉右衛門と六代目菊五郎の血を受け継いでいることは、生涯、十八代目勘三郎の誇りだった。十八代目の父、十七代目は歌六の正嫡ではなかったために、ある種の屈折を抱え込んでいた印象がある。波乃久里子は、父に溺愛されたこともあって、父十七代目の屈折をさまざまな形で公に語っている。

## 歌舞伎界屈指のサラブレッド

それに対して、久里子の弟「のりちゃん」は、既に名優の地位を確立していた父の庇護下にあって、五代目勘九郎としてのびのびと育った。俗な言い方をすれば、歌舞伎界屈指のサラブレッドだったのである。

しかも、昭和二十五年、四十歳のときに、もしほは十七代目中村勘三郎を、歌舞伎座ではなく、東劇で襲名している。昭和二十年五月の東京大空襲で大屋根が落ち、火の入った歌舞伎座が再建されたのは、昭和二十五年十二月で、当時は興行が行える状態ではなかったのである。これほどの大名跡でありながら歌舞伎座での襲名が行われなかったのは、戦後の混乱の中で人々が苦しんでいた当時の事情によるものだ。

勘三郎は歌舞伎界でもっとも古い名跡とされる。初代勘三郎は、寛永元年に猿若（中村）座として櫓《やぐら》を上げ、江戸ではじめての芝居小屋を開いた。役者であり座元となったのである。

江戸時代に幕府から公認された芝居小屋は、中村座、市村座、森田座（安政五年七月から守田座に改めた）の三座だった。人気役者は権勢を振るったが、それぞれの座元は太夫と呼ばれ、座頭役者を上回る格式をそなえていた。明治八年の十三代目引退以来、系譜上のみ数えて実際には途絶えていたこの勘三郎の名跡をもしほが十七代目として襲名したことによって、十八代目には、もうひとつの役割が課せられた。江戸最古の座元としての意識だった。

十八代目勘三郎のさまざまな宿命については、のちに詳しく語るとして、まずは誕生の日に戻りたい。

## 待望の長男として

「役者の家にとって男子誕生くらい心待ちされるものはありません。久里子、千代枝、今は亡き三紀と相次いで女の子だった我が家にとっては、なおさらのこと。家内が慶応病院の分娩室に入ったと聞いたとき、私は翌月の芝居の稽古で新富町の『松島』というところにいました。もうすぐ生まれるんだ、男か、女か、男だったらすばらしいな、とソワソワして、心そこになく二階で稽古していると、そのとき、下から女中さんたちの〝ワーッ〟という歓声が聞こえ、ドタドタッと階段を上がって来て、

『生まれました。生まれました。男のお子さんが』

やった、とばかり私は転げ落ちそうになりながら階段を下りる」

生まれるまで性別がわかりようもなかった時代。『十七世中村勘三郎 自伝 やっぱり役者』（日本図書センター 一九九九年）は、臨場感あふれる記録を残している。十八代目は、波野の家で、待ち望んでいた長男として生まれた。十七代目は、すでに四十五歳になっていた。

波野哲明は、昭和三十四年に五代目中村勘九郎として『昔噺桃太郎《むかしばなしももたろう》』の桃太郎で初舞台を踏んでいる。

幼いながら休むことなく毎年舞台に出ているのは驚きだが、初舞台の年には松竹の『今日もまたかくてありなん』（木下恵介監督・脚本）で映画デビューも果たしている。それば

かりか、昭和三十六年九月には六歳で主演映画を撮っている。恐るべき早熟振りである。『アッちゃんのベビーギャング』（東宝　杉江敏男監督・井手俊郎脚本）、同年の十二月には『ベビーギャングとお姐ちゃん』（監督・脚本共に前作と同じ）が続く。舞台と映画、愛くるしい子役として勘九郎は幼少の頃から人気をさらっていった。

主演映画の二本は十八代目襲名を記念して発売されたＤＶＤボックス「勘九郎箱」に収録されているので容易に観ることができる。小林桂樹と淡路恵子の夫婦の間に生まれた子供「アッちゃん」役を演じるが、天衣無縫、才気に溢れ、愛嬌がこぼれる。

また、現在の目で見ても楽しみなのは、両作品とも、劇中劇として歌舞伎を演じているところである。勘九郎演じるアッちゃんが、歌舞伎役者勘九郎の舞台を鑑賞する趣向になっている。

演目は『アッちゃんのベビーギャング』では、初舞台と同じ『昔噺桃太郎』だが、舞台写真と比べると内容は異なるようだ。けれど、堂々たる台詞回しや見得に天稟《てんぴん》が認められる。のちに紹介する安藤鶴夫の随筆に描かれた勘九郎の芝居好きな姿と重なる。『ベビーギャングとお姐ちゃん』では、『山桜競金時』を同じ趣向で演じているが、二列目に座った十七代目勘三郎が息子勘九郎に向かって「中村屋！」と声を掛け、少し照れるのがほほえましい。

この時代の勘九郎については、演劇評論家安藤鶴夫による名随筆「勘九郎の頬ッペ」がある。安藤はNHKラジオの収録のために麹町にあった（十七代目）勘三郎の家を訪ねた。「すると勘三郎にインターヴューをするかしないうちに、絹ものの、つつッぽの着物を着た勘九郎が刀を抜いて、ぱッと見得を切って登場した。まさに登場したという感じだった。両手を前へ出したら、ぱッと、わたしの胸ン中へとびこんできた。

膝の上にぴいんと立って、すぐ、

『月も朧に白魚のオ、かがりもかすむ春の空ア』

と、お嬢吉三のせりふをはじめた。

せりふの上げ下げ、間《ま》の取り方、めりはり、そッくりおやじで、おまけにいい気持ちになると、左の眉がくいッと上へあがるのまでそのままである。

正確にいうと、その翌月歌舞伎座で初舞台を踏んだのだから、まだ勘九郎じゃアないが、

私は嬉しくって堪らなくって、

『中村屋アッ』

と声を掛け、そして隙《すき》をうかがっては勘九郎の頬ッぺたをかじった。

お酒のつぎにこどもが好きで、可愛いこどもをみたしにゃア、すぐ、頬ッぺたをかじッちゃうというやまいがある。

〝歌舞伎夜話〟で、この勘九郎のせりふはすぐ録音して、放送に出した。たしか、あれが勘九郎の初放送じゃないかと思う。

それが34年の3月のことだから、勘九郎は、正身《しょうみ》、3歳と10カ月ぐらいだった」(『安藤鶴夫作品集Ⅵ』朝日新聞社　一九七一年)

私自身は昭和三十一年生まれなので、十八代目勘三郎のひとつ下にあたる。当然のことながら、子役時代の勘九郎、八十助をリアルタイムで観ていない。おませだった私は、中学生のころ、この随筆を読んで、「勘九郎って、どんな天才なんだろう」と思いをめぐらせた。勘九郎は、天才子役という評判が一人歩きしていた。

# 三、粋に　いなせに　三津五郎

**八十助六歳**

後年、三津五郎は『粋に　いなせに　三津五郎』（ぴあ　二〇〇五年）というタイトルで聞書きの本を出版している。この本のなかでは自由奔放に幼少時代を語っている。

「僕の生まれた場所というのがちょっとすごいんです。

『銭形平次』だの『大岡越前』だの『暴れん坊将軍』だのといった時代劇でお馴染みの小伝馬町の牢屋敷の上にあった岡本病院なんですから。

つまり花のお江戸の小伝馬町の牢屋敷の上でオギャアと産声をあげた。しかもその日は大雪だったそうです……って、別にじまんするほどのことではないんですが。

ただ、三津五郎家に実に七十四年ぶりに生まれた嫡男ということで親戚一同喜んだようで、曾祖父夫妻はもちろん、第四十三代横綱の吉葉山関が大雪の中を駆け付けてくれて、生まれたばかりの僕を抱いてくれたというのは、ちょっと自慢にしていいかもしれません」

本名守田寿は、父に四代目八十助のちの九代目三津五郎、母に八代目三津五郎の長女喜子《のぶこ》のあいだに生まれた。

父九代目は、昭和四年、三代目坂東秀調《しゅうちょう》の三男として生まれている。六代目尾上菊五郎のもとで育ち、六代目が死去してからは、二代目尾上松緑《おのえしょうろく》に師事し、菊五郎劇団を支える存在として活躍した。日本舞踊の藤間勘右衛門《ふじまかんえもん》家（家元は松緑）でも重きをなすが、昭和三十年に喜子と結婚してからは、代々三津五郎が家元を勤めてきた坂東流でも重責をになってきた。

十代目三津五郎（五代目八十助）が「七十四年ぶりに生まれた嫡男」というのは、六代目菊五郎と組んで、「踊りの神様」といわれた七代目三津五郎が子供に恵まれなかったために、八代目、九代目と養子、養子が続いていた家の歴史を指している。

十代目が誕生したとき、七代目もまだ健在だった。初舞台に先だって、曾祖父七代目が得意としていた『傀儡師《かいらいし》』に出た。

「初御目見得というほど格式ばったものではなくて、僕が機嫌のいい時だけ抱いて出たようです」（前掲書）

その半年後、不世出の名人といわれた七代目は、養子の八代目（当時・簑助）と『寒山《かんざん》拾得《じっとく》』を踊った。それが最後の舞台となった。

十代目が三歳になったころ、両親がそろそろどこかのお師匠につけて、踊りを習わせようかと七代目にお伺いを立てると「変な癖がつくといけないから、俺が稽古する」といって聞かなかったという挿話が残っている。

八代目は学者肌で著書が多数ある知識人で、戦後関西で起こった「武智歌舞伎」では、理論面を武智鉄二が、八代目が実践面を担った。また、九代目は菊五郎劇団を支える脇役として一生を全うした。

八代目、九代目と渋い脇役の三津五郎が続いたために、十代目は主役を演じる役者になることが期待されていた。九代目は自分のことよりも、息子が大きな役者になることを期待していた。

九代目は『髪結新三』の勝奴、『魚屋宗五郎』の三吉で味のある芝居を見せたが、タイトルロールを演じることはなかった。

「七代目には名著といわれる『舞踊藝話』がありますね。八代目には、武智鉄二との対談『芸十夜』をはじめ、沢山の著書があります。東京創元社の『名作歌舞伎全集』各巻の付録にお書きになった解説は、歌舞伎界にとって貴重な財産ですね」

私が問いかけると、
「ぼくが本を読んだり調べ物をしたりするのが好きなのは、祖父の血なのでしょう。うちの父は、そういうぼくを見て『おまえは、おれの子供じゃない』（笑）とよく言っていましたよ」（『坂東三津五郎　歌舞伎の愉しみ』）
大らかな返事がかえってきた。

## おれは捨石になってもいい

藝に厳しかった父九代目、母喜子への尊敬は、ふたりが亡くなってからますます身にせまってきたようだった。

「父は父で、早くに生みの親を失い、しかも藤間流で育ったのに、坂東流の家元となりました。だからといって、これまでの人間関係がありますから、坂東流の跡取りでいながら、菊五郎劇団の一員という立場を貫いていました。おふくろも坂東三津五郎の長女で跡取り娘として育ったのが、いきなり一兵卒の嫁としてやっていく立場になったのですから、悔しい思いもしたでしょう。守田座の座元の家だというプライドと執念は、自分を絶対に『ご新造』と呼ばせたところからも感じていました。守田という家に対する思いは、すごいものがありました。

父もおふくろも、ぼくをかばってくれて、ぼくが言うのは変ですけれども、『おれは捨石になってもかまわないから、なんとかこいつを、ものにしてやりたい』と思ってくれていたと思います」（同前）

このあと特に断らないかぎりは、八十助、三津五郎の言葉は、私が聞き手としてまとめた『坂東三津五郎　歌舞伎の愉しみ』『坂東三津五郎　踊りの愉しみ』（共に岩波現代文庫二〇一五年）による。二冊はいずれも三津五郎の一人称で書かれている。私の質問やその際の反応をあきらかにするために、ときに、出版されたそのままではなく、原稿にまとめる前の速記に基づく問答を引く場合もある。

## 守田寿から五代目坂東八十助へ

勘三郎が中村屋の座元の名跡であることはすでに書いた。また、坂東三津五郎家は、江戸三座の森田座（のちに守田座）の守田勘弥《かんや》家と関係が深い。七代目三津五郎は十二代目勘弥の長男として生まれたが、三津五郎家に養子に入った経緯がある。喜子が守田座の座元の家を意識して生涯を送ったのは、こうした経緯からだった。

初舞台は、昭和三十七年九月歌舞伎座。八代目坂東三津五郎・七代目坂東簑助・五代目坂東八十助襲名披露興行だった。守田寿は、このときから八十助という歌舞伎役者になった。

「学究肌の祖父でしたから本好きだったんです。

でも、小学生が読むには難しい音便に関する本を買ってくれて、『読め』と言われたのには少々往生しましたし、好きな本を選べというので、お城の項目見たさに百科事典のなかの一冊を指さしたら、フルセットがどんと家に届いてびっくりしたこともありました。

一度も一緒に住んだことのない祖父でしたが、小さい頃はよく祖父の家に泊まりに行きました。

もっとも芸を教わったことは一度もありませんでした。

祖父が突然、

『おい、寿《ひさし》（僕の本名です）、おちんちんを出せ』

と言い出し、祖父と二人してふるちんになって、

『それ、チレチンチンチリンチテン……』と祖父の口三味線による『連獅子』に合わせて大小それぞれのおちんちんを威勢よく、首振りよろしく振り回して、祖母や内弟子たちを

大笑いさせたこともあったんです」（『粋に　いなせに　三津五郎』）

八代目は嫡孫と『連獅子』を踊りたかったのだろう。それもかなわず、昭和五十年一月南座出演中に客死している。八十助はまだ十八歳であった。

三津五郎家は、踊りの家ともいわれ、坂東流の代表的な舞踊を継承している。『傀儡師』『寒山拾得』『喜撰』『道成寺』『流星《りゅうせい》』などがその代表的な演目である。けれど、八代目、九代目と脇役が続いたために、「家の藝」と呼べる芝居は数少なかった。祖父とは共演する機会さえ恵まれず、十八歳でその庇護をあてにできなくなってしまった。当時の八十助はこれからの年齢だっただけに、さぞ無念だったろうと思う。

勘九郎があり余る「資産」を持って生まれたのに対して、八十助は、両親の助けを借りながら、自分自身の領域をひとつひとつ開拓しなければならなかった。

# 四、彗星のように

## 勘九郎八歳
## 八十助七歳

昭和三十八年歌舞伎座の七月納涼大歌舞伎昼の部、大喜利《おおぎり》として『白浪五人男』「稲瀬川勢揃いの場」一幕が上演された。

まだ年端もいかぬ子役ばかりの配役である。納涼歌舞伎ならではの趣向だろう。配役は、弁天小僧菊之助に五代目八十助、南郷力丸に五代目勘九郎、日本駄右衛門に初代大谷廣松《おおたにひろまつ》（現・七代目中村芝雀、五代目雀右衛門）、忠信利平に小川光照（現・三代目中村又五郎《なかむらまたごろう》）、赤星十三郎に三代目中村梅枝《ばいし》（現・五代目時蔵）という配役である。光照が小学校一年生の他は、すべて二年生であった。

この発案は、勘九郎によるもので、父親の十七代目に「弁天小僧」がやりたいと願ったのがきっかけだという。また、この企画が実現したときは、松竹の重役に「ぼくのプランを取り上げてくれてありがとう」と言ったと伝えられているから念がいっている。

この演目は、文久二（一八六二）年三月市村座初演。勘九郎の曾祖父にあたる五代目菊五郎が、河竹默阿弥と語らって創作した狂言である。当然、勘九郎は、菊五郎がみずから演じた弁天小僧菊之助を望むかと思ったら、自分は南郷力丸に回って、「弁天小僧は八十助君がいい」といったという。

南郷力丸は弁天小僧とともに対になって強請《ゆす》り騙《かた》りを「浜松屋の場」で行う役だ。もっともこのときは、続く「稲瀬川の場」のみの上演である。場の冒頭、花道から五人が出る。順番は日本駄右衛門、弁天小僧、忠信利平、赤星十三郎、南郷力丸の順で、それぞれ名乗る「ツラネ」も南郷が〆となる。南郷の着付は、稲妻と雷獣が描かれ、稲妻は雲間を走っている。浜育ちの荒くれ者にふさわしい大胆な柄で男らしい。

「浜松屋」では武家のお嬢様と見えたものが、強請りを働く悪党だと明らかになる、性の逆転を含む変身が見どころの「見顕し」があるから、弁天小僧が芯になる。けれども「浜松屋」を省き、「稲瀬川」だけが出るとなると、弁天小僧が主役とはいいがたく、微妙である。このあたりを少年の勘で見定めたのか。

晩年、十八代目勘三郎は、「配役は自分だけがいいのではダメなんだ。みんなが喜ばないといけない」と繰り返し私に語ったが、すでに八歳でこの才覚とは恐れ入る。記録によると〝チビッ子歌舞伎〟という呼称も生まれて、圧倒的な人気を呼び、前売の切符が飛ぶように売れたので、二十二日からは夜の部でも上演。さらに二十四日の千穐楽には、この五人男にからむ捕手に、お弟子さんたちではなく、子供たちの父にあたる幹部たちが特別出演したという。

**親獅子と仔獅子**

子役としての活動は続いていたが、勘九郎の声望を一気に高めたのは、昭和四十四年四月、父十七代目と踊った『連獅子』だろう。

今度の企画は、勘九郎ではなく、母久枝であった。

「昭和四十四年二月、当時の松竹青年重役だった永山武臣さんが、父を訪ね、何か目玉になる演目はないかと聞いた。すると、そばにいた母がこう答えた。

『あたしにとっておきの名案があるのよ』

そして、少し間をおいて、こう言った。

『あのね、勘九郎ももうすぐ十四でしょ。そろそろ「連獅子」が踊れるんじゃないの』

これを聞いた永山さんは、『それだ！』と即決し、飛んで帰った。

しかし、これは私に、大変につらい稽古が待っていた。

親獅子が千仭《せんじん》の谷底めがけて仔獅子を蹴落とすところが、どうも私の踊りが気に入らないらしく、本気で私を蹴飛ばした。そのために、私は舞台下手まで、何度も何度も転がされた。いくら踊りの振りだとはいえ、あそこまで私を強く蹴飛ばさなければならないのか。いまだったら、それが迫真の情というものであることがよくわかるが、当時の私にはなぜそこまで蹴飛ばされなければならないのか、よくわからなかった」(『勘九郎日記「か」の字』集英社文庫　二〇〇七年)

この思い出を読んでも、少なくとも藝の上で、十七代目は、遅く出来た長男を決して甘やかしたりはしなかったことがわかる。また、後年、先代の亡き後、十八代目勘三郎(五代目勘九郎)は親獅子に回り、長男勘太郎(現・六代目勘九郎)、次男七之助の仔獅子と『連獅子』を踊った。十八代目がふたりの子に稽古をつけるときの厳しさは、テレビのドキュメンタリーによって観ることができた。空恐ろしいほどの叱責であった。厳しい稽古は、結果的に子供たちの将来につながるとの考えによるものだろう。そう思わなければ納得できないほどの厳しさだった。

いずれにしろ、この『連獅子』は大成功に終わった。「まずここ何年にもないあざやかな『連獅子』」（安藤鶴夫）、「親子の役者の共演が、獅子の気持ちと重なって見えた」（戸板康二）と、当時を代表する評論家たちが讃辞を寄せている。十三歳の仔獅子が懸命に親獅子についていこうとするその厳しさと情愛が胸を打った。歌舞伎役者として生まれた親子の修業の峻烈さを、親獅子と仔獅子に重ねる観客が数多くいたからだろう。

今回、当時の劇評を調べてみると、演劇評論家の和角仁が昭和四十四年五月号の『演劇界』に寄稿している。

「第二は『連獅子』。これが〈夜の部〉では一番の呼び物である。勘三郎初役の狂言師右近は、さすがに〽峰を仰げば……』の件りにしみじみとした滋味を漂わすが、坊やの勘九郎も、天賦の才能を充分に発揮して観客を喜ばせる。

後シテになって、ぴゅッと真一文字に毛を振りきってみせる気魄もさることながら、前シテの左近の間《あいだ》が実にいい。〽岩に……舞い遊ぶ』までの気品、格調の正しさ、強靭そして優婉……。肩から腕へかけての、あの不可思議な線の魅力……」

子役の踊りとしては、大絶賛である。

達者で映画やテレビもこなす天才子役ではなく、歌舞伎役者としての天稟を示した点で記念すべき舞台となった。

あまりの好評がゆえに、『連獅子』は翌年五月に再演されるほどであった。そればかりではない。勘三郎は生涯にわたって、本興行だけでも二十一回『連獅子』を踊った。『三人連獅子』と題した舞台を含めると二十二回になる。舞踊会を入れると数限りない。もっとも手がけた舞踊となったのである。

翌四十五年の映像は現在も残っていて観ることができる。ここには一人前の歌舞伎役者と子役といったような甘えた関係はみじんもない。シャープで、カドカドのきまりも美しい仔獅子がその若さがゆえに獅子に迫っていく。その気迫が観客を圧倒したのだとわかる。

この『連獅子』を十八代目は繰り返し憑かれたように踊っていく。十七代目から十八代目、そしてその子供たちへと伝えられ、まさしく「家の藝」となったのである。

## 五、テレビの虜囚　商業演劇の誘惑

**勘九郎二十四歳**
**八十助二十三歳**

勘九郎と八十助が過ごした十代は、娯楽の転換期だった。歌舞伎も現在のように隆盛を誇ってはいない。三階席から見下ろすと客席に空席が目立ったのは毎月のことだった。今思えば、十七代目勘三郎、初代松本白鸚、二代目松緑、七代目尾上梅幸、六代目中村歌右衛門ら昭和を代表する名優たちが妍《けん》を競っていたのに、なぜ観客がこぞって詰めかけなかったのか。今も惜しく、残念でならない。

「ぼくの子供時代は、歌舞伎座が、まず十二カ月歌舞伎という体制ではありませんでした。八月は三波春夫さん、十二月は大川橋蔵さん、三月は長谷川一夫さんや山本富士子さんが入られたり、初代水谷八重子さんが来られたりする。六月には萬屋錦之介さんが出演されたりしていました。だから実質、歌舞伎座で歌舞伎をやっていたのは、年間八カ月くらいでしたでしょう」

三津五郎は歌舞伎座の客席が寂しかった当時を思い出していた。たとえば昭和の終わりを見てみよう。

昭和六十一年は、全体の内、十一ヶ月は古典歌舞伎中心の興行だったが、八月は、市川右太衛門と北大路欣也父子の芸能生活百年を記念した特別公演が入っている。翌、昭和六十二年、六十三年も八月は松竹歌劇団（ＳＫＤ）の公演が行われている。十二ヶ月歌舞伎という体制は、平成になってから。しかも勘九郎と八十助が中心になってはじめた八月納涼歌舞伎の第一回が上演された平成二年からだと思うと感慨深い。

## 成長期で崩れるバランス

どれほどすぐれた子役も十代の半ばをすぎれば、適当な役がない。また、成長期で身体のバランスが崩れると、これまで自在に踊れたはずの踊りが踊れない。変声期に入れば、立役女形いずれも満足な声が出せない。「あひる」といわれる時期である。芝居の戦力にはなりにくいために、高校から大学にかけては学業に専念する歌舞伎役者の御曹司が多い。

年表をたどるとこの時期、勘九郎、八十助いずれも、歌舞伎への出演は限られている。昭和四十四年には、十三歳の八十助がＮＨＫテレビの『鞍馬天狗』で杉作少年を演じたり、昭和四十九年に、大河ドラマの『勝海舟』で徳川家茂を十八歳で演じているのが目立つくらいだ。全国の人々に認知されたのは、昭和五十三年に二十二歳でＮＨＫの連続テレビ小説『おていちゃん』に主人公の兄幸太郎役で出演してからだろう。

ふたりの十代、二十代は、先にあげた昭和の大立者たちの子供世代に人気が集中した。白鸚の息子に九代目松本幸四郎（当時、六代目市川染五郎）、二代目吉右衛門がいる。二代目松緑には、初代尾上辰之助。七代目梅幸には、七代目菊五郎（当時、四代目菊之助）。すでに亡くなっていたが十一代目市川團十郎には、十二代目團十郎（当時、十代目海老蔵）がいた。こうした白鸚らの大立者と十七代目勘三郎は同世代だったけれど、勘九郎は晩年の子供だっただけに、幸四郎らとは十歳以上の年齢差があった。上の世代の人材が厚いために、勘九郎、八十助に役がつかないのも当然だった。

歌舞伎には、その出し物で主役を勤める役者が、周囲の配役を決める習いがある。父親が大立者であれば、当然、芯を取る狂言が出る。その相手役に息子を指名するのは当然のことだ。十代から二十代にかけて、勘九郎と八十助が勤めた役に差があるのもまた、実力ばかりではなく、親の威光も左右している。ありていにいえば、十七代目勘三郎には、息子の勘九郎を引き立てるだけの力があった。当時、七代目簑助といって菊五郎劇団の鬼軍曹と思われていた九代目三津五郎には、残念ではあるけれども、それだけの力がなかった。同じ名門の御曹司として生まれても、差が生まれてしまう。

具体的な例を挙げれば、勘九郎は昭和五十四年の一月、国立劇場で『野崎村』のお光を勤めている。父親の久作《きゅうさく》は十七代目勘三郎。もうひとりの若女方、五代目坂東玉三郎がお染という配役だった。当時の実力、人気からすれば玉三郎と勘九郎は逆の配役でしかるべきところだ。あきらかに、十七代目の差配でこうした逆転した配役が行われたとわかる。このあたりの配役の謎解きを、先に『連獅子』の劇評を引いた和角先生から教わった覚えがある。私はまだ学生で、和角先生は高校時代の恩師だった。

けれど、配役が違うのではないかという玄人筋の声をもろともせず、勘九郎は仁《にん》にも柄《がら》にもあったお光を見事に演じて成果をあげた。外野に何をいわれても構わない。チャンスは生かせばいいのである。

付け加えると、私が大人の目で歌舞伎を見始めたのは、この頃だった。大学卒業を控えて、私は歌舞伎専門誌の『演劇界』の編集に携われないかと考えていた。特に公募はしていなかったけれども、『野崎村』の劇評らしき原稿を書いて、和角先生の紹介で『演劇界』の編集部に見ていただいたのを覚えている。『演劇界』とは縁がなく、その後、私は同じ神保町にある別の出版社に勤務することになった。

## 不遇の時代

同じ昭和五十四年の八十助を見てみよう。二月歌舞伎座、松緑が光秀初役の『馬盥《ばだらい》』で森蘭丸を勤めたのが目立つくらいで、取り立ててあげるほどの役はついていない。この年は四月から九月までテレビの『半七捕物帳《はんしちとりものちょう》』で半七子分松吉を勤めていた。

翻って考えると、いつの時代も、藝は未熟でも時分の花が咲き誇る若手花形に人気が集まる。現在で言えば、四代目松緑、十一代目海老蔵、五代目尾上菊之助は二十代からよい役に恵まれ、不遇の時期は思い当たらない。歌舞伎がエンターテインメントである以上、若さと美貌に恵まれた若手花形に人気が集まるのは避けられない。実力者たちの舞台は藝を見るにはすばらしいが、若い女性が詰めかけるわけではない。歌舞伎はそんな歴史の繰り返しだった。

ところが、十代、二十代の八十助は、若手花形としてもてはやされた時期は短く、かといって実力者となるにはまだ早い。狭間にあって苦しんでいたのだと思う。

歌舞伎役者としては中途半端な時期、商業演劇や新劇の舞台に出演しないかという誘いがかかることもある。

　勘九郎は昭和五十二年八月、日生劇場で『若きハイデルベルヒ』（石原慎太郎作）に出演し、華々しい脚光をあびた。共演は大竹しのぶ。大竹は十八代目勘三郎の最期を看取った生涯の友人となる。

　八十助は、テレビの人気を受けて昭和五十五年十二月帝国劇場では『女たちの忠臣蔵』磯貝十郎左衛門を演じている。この芝居はのちに二度も再演された。また、昭和五十六年九月、サンシャイン劇場『古いアルバート街の物語』でクジマー役。主役はバリャースニコフ役の二代目松緑。この作品にも大竹しのぶが出演しているのは興味深いが、この時期、舞台女優として人気実力を兼ね備えていたのは大竹しのぶだったからだろう。


　この時期、ふたりの人生が深く交錯したのは、昭和五十七年九月、新橋演舞場の『仮名手本忠臣蔵』通しだった。勘九郎は大序、三段目、四段目で塩冶判官、「落人」、五段目、六段目で勘平。八十助は、大序、三段目で若狭之助、七段目の平右衛門。

　七段目「一力茶屋の場」は、十代目海老蔵（のちの十二代目團十郎）の大星由良之助、五代目児太郎（現・九代目福助）のお軽という若手主体の配役である。

古典中の古典、歌舞伎の独参湯《どくじんとう》といわれる『仮名手本忠臣蔵』。しかも代表的な役に挑む機会がふたりに訪れた。役に恵まれなかった八十助にとっては、胸躍るチャンスだっただろう。

勘九郎は、塩冶判官を七代目梅幸、勘平を父十七代目に教わっている。それに対して、八十助は平右衛門を二代目松緑に教わっている。この経験をふたりは、後年も何度も繰り返し語っている。今となってしまえば、昭和の名優たちに直接『仮名手本忠臣蔵』の当り役を教わったというのは、五十歳を超えようとも、かけがえのない誇りであり勲章なのだった。

歌舞伎では、初役のときにはその役をよく知る先輩に教わりにいく習慣がある。狂言の全体は、芯になる役者が統括するけれども、その役については教えた先輩が責任を持つ。自分自身が別の劇場に出ていても、時間の許す限り、舞台稽古を見てダメをだすのが慣例となっている。

「先代勘三郎《かんざぶろうのおじさん》、中村歌右衛門《なりこまやのおじさん》監修だったのですが、勘三郎のおじさんは当然のことながら息子（十八代目）の勘平しか見ないです。でも、歌右衛門のおじさんの偉いところは、甥にあたる九代目中村福助《とうじのこたろうくん》がお軽をやっていましたけど、自分の息子は誰も出ていない。

それでも、大序から七段目までずっと板の間に座って、見てくださいました」

　このとき、八十助が二代目松緑に平右衛門を教わってきたのを受けて、

「『あんたね、わかるんだよ、それ。たしかに紀尾井町（二代目松緑）もこうやってやるけれども、おまえさんがやっていると、なんか踊りを踊っているみたいだからね。もうちょっと勉強したほうがいいよ』とかね。

　義太夫はもちろん、立役のこともわかっていらっしゃって、実に的確な指示を出されるんですよ。そんな二十六、七の若手ぺいぺいの役者の芝居を板の間で、全部ご覧になるんですから、いや、頭が下がりました。

　ただ恐いというだけじゃなくて、それだけの強い信念をもって、歌舞伎に対する責任と愛情を貫かれていた証拠だと思います」

　中村歌右衛門は、当時の歌舞伎界に君臨した五代目歌右衛門の次男として大正六年に生まれた。戦後は、七代目梅幸とともに歌舞伎界を代表する女方として数々の名舞台を勤めたが、一方、歌舞伎役者としてのありかたにひときわ厳しい存在だったと伝えられる。

　たとえば、歌舞伎界を代表する存在として、日本俳優協会会長職がある。歌右衛門は昭和四十六年に正式に会長となり、以降平成十一年まで二十八年ものあいだその職にあった。

この『仮名手本忠臣蔵』通し上演にあたっても、「恐い」存在として稽古に立ちあったことがわかる。

これは余談に属するけれども、演劇評論家の先輩、扇田昭彦と松岡和子と三人で勘三郎と懇談する機会がのちにあった。現代演劇の評論家たちと話したいというのである。歌舞伎座近くのイタリア料理店が指定されて、三人で待った。勘三郎はなかなか現れない。「ごめんなさい、ごめんなさい」と愛嬌たっぷりに登場すると、とりとめのない雑談となった。私たちから話を聞くというより、勘三郎の独演会といってよかった。

その合いの手に、私がふっと六代目歌右衛門のことを「大成駒」と呼んだ。歌舞伎に通じた人間には、ごく普通の呼び名だが、突然、脈絡なしに勘三郎が怒り出した。そうした呼び名が、歌舞伎をダメにしているというのである。歌舞伎通めいた屋号で呼んだのも気に入らなかったのだろう。「あんたね」と声を荒げて取り付くしまもない。すぐに落ち着いて声を和らげたが、歌右衛門の名前がでるたびに勘三郎が激高する場面はその後、幾度となくあった。私は勘三郎のなかにたくわえられている愛憎のマグマを垣間見た。

勘三郎と三津五郎は「恐い」大立者から直接教わったほとんど最後の世代にあたる。ふたりから後輩へ伝えられるべき技藝が途絶えてしまったのが、現在の歌舞伎界にとって深刻な問題であるとわかる。さらにいえば、このふたりは、すでに後輩たちにとって「恐い存在」になりつつあったと思う。恐い存在がいなければ守れない伝承もある。舞台ばかりではなく、楽屋の行儀もあるだろう。やさしく教えを垂れる存在ではなく、いるだけで緊張を強いる存在が失われたこと。それは限りない損失に思える。

# 六、狂言を踊る

## 勘九郎二十八歳
## 八十助二十七歳

二十代の後半から、勘九郎、八十助の共演は、次第に増えてくる。昭和五十八年十月、名古屋の御園座で、これ以降何度も繰り返し演じる『身替座禅』『棒しばり』がはじめて出ている。いずれも六代目菊五郎、七代目三津五郎が狂言を仕立て直し、ふたりで創り上げた演目だ。こうした企画が持ち上がったのは、制作サイドにも、六代目の孫、七代目の曾孫に、この演目をふたたび受け継がせたいとの思いが込められていたのだろう。すでにこの時点で、ふたりの踊りの技倆は一定の評価があったように思う。

『身替座禅』は、勘九郎の演じる山蔭右京《やまかげうきょう》が、愛人の花子に逢いに出かけるために一計を案ずる踊りである。恐い奥方の玉の井に一室にこもって座禅を組むから近づかないようにといって、八十助が演じる家来の太郎冠者に衾《ふすま》をかぶらせて身代わりとして屋敷を抜け出す。

逢瀬の余韻に浸りながら、花道を戻ってくる勘九郎のなんともうっとりとした表情、春風香るがごとき風情を、こののち何度も私は楽しんだ。また、八十助は奥方玉の井に身替わりが見破られるのではと、怖れるときの身体がかもしだす怯えた表情が、とりわけすぐれていた。

## ふたりで踊った『棒しばり』

『棒しばり』は、三津五郎の弔辞にもあるように、ふたりが踊った舞踊をあげろといわれれば、すぐに思い出される。

まず、大名と三津五郎の太郎冠者が出て、次に勘三郎の次郎冠者を呼び出す。まず、大名が舞って、次郎冠者の棒術自慢がはじまる。外出する予定の大名は、ふたりの家来が酒蔵で盗み酒をするのを怖れ、次郎冠者は棒に両手をくくられ、太郎冠者は後ろ手に縛られてしまう。ふたりが工夫して盗み飲みをする動き、そして舞をみせつつ酔いが深まっていく様子が楽しい。

「こういう狂言物は、『あはは』と笑わせるのではなくて『うふふ』と笑わせる。春風がふわっと吹いている春風駘蕩《しゅんぷうたいとう》の空気を見せなければいけない。そういう雰囲気をつくるのは踊りではなくて、踊りにもってくるまでの芝居です。『棒しばり』の場合は、踊りだすまでにかれこれ十五分くらいありますから、それまでにどう人間を描くかが、踊り以上に大事かもしれないです」

『坂東三津五郎　踊りの愉しみ』は、ふたりが大切にしたこの踊りについての話がひとつの柱になっている。芝居のなかに踊りがあり、踊りのなかに芝居がある。演技、舞踊、音楽が渾然一体となった歌舞伎役者ならではの考えだった。

私はふっと思いついて訊ねた。

「棒に手を縛られる次郎冠者と、後ろ手に縛られる太郎冠者と、どちらが踊りとしてはむずかしいんでしょう」

「両方やりましたけどね、そりゃあ太郎冠者ですよ。次郎冠者は棒があるだけバランスがとれて踊りやすい」

いたずらっぽく笑った。勘三郎よりもぼくのほうが大変な役回りなんだよと暗にいっているようだった。平成二十二年の巡業で、松緑と交互にこの二役を踊った菊之助に同じ質問をすると、やはり太郎冠者のほうがむずかしいとの答えを得た。三津五郎の指摘は正しいのだろうが、どこか勘三郎に対する対抗意識が感じられておもしろく思った。『踊りの愉しみ』をまとめたときは、私自身が削ってしまった件りである。

ともあれ、親を通じてではあるけれども、六代目菊五郎と七代目三津五郎の出し物を継承しようと志して、見事にその仕事を成功させた。伝統と継承にはさまざまな形があると教えてくれたように思う。

ふたりの舞台を併記した年表を手書きで作っていると、毎年、発見があって楽しい。昭和六十二年七月、国立劇場で行われた歌舞伎鑑賞教室での共演が気になった。出し物は『白浪五人男』。「浜松屋見世先」「稲瀬川勢揃い」「極楽寺屋根上」「同山門」「滑川土橋《なめりがわどばし》」と半通しでの上演だが、弁天小僧菊之助は、勘九郎。南郷力丸は八十助となっている。

昭和三十八年七月歌舞伎座の子供芝居とは、配役が逆になっている。弁天小僧は勘九郎。南郷は八十助。もはや弁天小僧と南郷力丸が入れ替わることはない。ふたりの仁と柄が、観客の確固たるイメージとして定着しつつあった。

# 七、二代目松緑、その技藝の継承

**八十助三十歳**

平成十六年八月。夏のまっさかり、「亀治郎の会」を見るために、京都の春秋座を訪ね、大階段を上った。京都ならではの空気は、ねっとりと身体にからんできた。そんななか、二代目市川亀治郎（現・四代目猿之助）を観た。亀治郎が大蔵卿、菊之助が常盤御前を勤めた舞台が終わり、亀治郎の『鷺娘』を待つ間、冷房の効いたロビーで、盛んな緑を見下ろしながら幕間を過ごした。

『演劇界』の編集者、若井敬子と偶然、劇場で会った。東京では仕事の話ばかりだけれど、旅ならではの雑談になった。当時は、評論家の古老たちもまだ健在だった。

「志野（葉太郎）先生からは、（若井さんは）本当にいいものを観ていないから、かわいそうだねといわれるんです」

もちろんこれは志野先生が嫌味を言ったのでもなければ自慢でもない。古老からすれば歌舞伎の技藝の衰退は目を覆うばかりだったろう。もっとも、五代目菊五郎、九代目團十郎があいついでこの世を去ったときは、歌舞伎の未来を案じる声が多かったと聞く。また六代目菊五郎、初代吉右衛門が亡くなったときも同様だったたという。過去を懐かしがる「團菊じじい」はもとより「菊吉じじい」さえも過去の言葉となった。菊吉の全盛期の舞台を観た経験のある存命の人は少ない。

そのときふっと若井編集担当は、

「長谷部さんは、いままでに観たなかで、だれがいちばん素晴らしい役者だと思いますか」

問われて即座に、

「それは、松緑です」

迷わずに答えた。もちろん、私の世代は菊五郎、吉右衛門はもとより、十五代目羽左衛門、十一代目團十郎を知らない。こんなとき、女方ではなく立役の松緑が思い浮かんだところが不思議だが、それには解説がいる。

大正・昭和の歌舞伎界を牽引した六代目菊五郎は、「演劇の神様」と呼ばれるほどの偉大な存在だった。その技藝は、娘婿の十七代目勘三郎と二代目松緑に引き継がれた。勘九郎が『春興鏡獅子』や『京鹿子娘道成寺』を大切にするのは、六代目が得意とした舞踊だからである。

二代目松緑が得意としたのは、江戸の市井の人々の哀感をリアルに描いた世話物で、その代表的な演目に『魚屋宗五郎』『髪結新三』『め組の喧嘩』がある。とりわけ『宗五郎』は松緑が自家薬籠中のものとした演目である。生涯通算して八百を超える役を演じ、ギネスブックに登録された十七代目も、この「宗五郎」だけは手がけていない。

## 松緑から宗五郎を教わる

菊五郎劇団で立役を目指した八十助にとって、六代目菊五郎の没後、七代目梅幸とともに劇団を率いた二代目松緑は、仰ぎ見る存在であった。その技藝は当然、長男の初代辰之助、梅幸の長男四代目菊之助（現・七代目菊五郎）に引き継がれると思われたが、昭和六十二年の三月、松緑に先立って辰之助が急逝してしまう。結果的に当時、女方寄りであった菊之助が、順を追ってこの松緑の当り狂言を継承していくことになるが、辰之助、菊之助の次の世代にあたる八十助は、生前の松緑から『魚屋宗五郎』の宗五郎を教わった。見込まれてのことである。

店を構えることもできず、借金まみれだった宗五郎は、ふとしたきっかけで旗本に見初められた妹を妾奉公に差し出した。ところが、その妹が不義を犯したと濡れ衣を着せられ殺された。訪ねてきた召使のおなぎにそう知らされる。断酒していた宗五郎は、禁を破って酒を呑み周囲を慌てさせ、ついには泥酔したあげく、旗本屋敷に怒鳴り込んでいく。松緑一世一代の当り役を直接教わり、八十助の生涯の誇りとなった。

昭和六十一年の五月、松緑の宗五郎が歌舞伎座で出た。菊五郎劇団の一員として幼い頃からこの芝居を見て、憧れてきた八十助は、このときはじめて雇い人の三吉を勤め、松緑の宗五郎を斜め後ろから見続けた。体調が悪かった松緑は、「もしかしたら、おれはちょっと無理かもしれないから、（万一のことがあれば、三吉から宗五郎に）おまえ代われ」と言われたと語っている。三吉でさえ初役なのに、宗五郎とは。まだ三十歳だった八十助にとっては大変な重圧である。

幸いその月、松緑は昼の部の『甲斐源氏夢旗挙』信縄《のぶつな》は休演したが、宗五郎は千穐楽まで休むことなく勤めた。この舞台で、三吉やおなぎ以上に大切な宗五郎の女房を勤めていたのが、のちに十八代目勘三郎の義父となる芝翫だった。

この思い出の宗五郎を三津五郎が本興行で勤める機会を与えられたのは、平成十六年の五月歌舞伎座で、その間は、七代目菊五郎が宗五郎の舞台で三吉を勤め、勉強を重ねていた。はじめて三吉に出てから十八年が経過している。気が遠くなるような伝承のかたちである。

もっとも、松緑に教わったのは、『魚屋宗五郎』だけではない。『蘭平物狂』の奴蘭平を昭和六十二年九月の歌舞伎座で、『吃又』の又平を翌昭和六十三年六月の国立劇場で、松緑の指導のもとに勤めている。いずれも本格。初役とは思えぬ出来で、松緑から学んだ楷書の藝を崩さない。そんな決意にあふれていたのを思い出す。

## 後の世代の肉体に写す

本書の冒頭に、勘三郎の葬儀で三津五郎が読んだ弔辞を掲げた。

「肉体の藝術ってつらいね……。そのすべてが消えちゃうんだもの」

この思いは、偉大なる師匠だった二代目松緑が亡くなったときに八十助の心に生まれ、それから次々と鬼籍に入っていく名優を送るたびに、大きな位置を占めるようになったのだろう。

「ちょうどぼくが三十歳になったときに、紀尾井町のおじさん（二代目松緑）は、息子の辰之助（三代目松緑を追贈）さんを、昭和六十二年の三月に、四十歳という若さで亡くされた。今になってよくわかりますけれど、ぼくらは同じアーティストといっても、絵描きとか作家のように、作品がキャンバスとか原稿用紙に残りません。肉体がキャンバスですから、後の世代の肉体に写していくしかない。四十年かけて写してきたところが、キャンバスの息子が亡くなった。その喪失感というのは、ものすごいものがあったと思うのです」

こうした悲しい話をするとき、三津五郎は、辛い、悲しいで話を終わらせなかった。歌舞伎は過去から未来へと伝承する藝術だという考えを忘れなかった。蘭平や、又平を辰之助の没後、松緑から教わったことに触れて、

「これは、とにもかくにも、『この芸をおれの孫（四代目松緑）に伝えてくれよ』という思いだったと思います。しかも誰にでも伝えてくれたわけではない。できると見込んで下さって教えて、孫に伝えてくれと、選ばれたわけですから、なんとか彼に伝えていかなきゃいかんと思っています」

幸い四代目松緑は、『魚屋宗五郎』を菊五郎に、『蘭平物狂』を三津五郎に教わって舞台にあげている。三津五郎は松緑から受け継いだ藝を、孫の四代目に手渡す仕事を果たした。「ただ、人間のことですから、印刷のようには伝わりません。ぼくも松緑のおじさんのと

おりにはできないし、ぼくから教わったことを彼がまた取捨選択して、彼がどうそこに自分のオリジナリティを加えるかということです」

注文を付けるというのではなく、伝承がどのようなものかを語っていたのだと思う。三津五郎はいつも淡々と話して感情を波立たせることはなかった。

六代目菊五郎、二代目松緑、十代目三津五郎と伝えられた技藝は、やがて三津五郎から息子の巳之助にも伝承されるはずだったろう。もし、機会が訪れれば、現在で言えば、七代目菊五郎か四代目松緑あるいは五代目菊之助が、巳之助に教えることになる。それは歌舞伎の伝承のなくてはならない正しいかたちであった。

# 八、十七代目の金の粉

## 勘九郎三十三歳

昭和六十三年四月、勘九郎は国立劇場小劇場で、父十七代目が当り役とした、『髪結新三』を勉強していた。この公演の半ば、十六日、病いに倒れていた十七代目勘三郎が亡くなった。七十八歳だった。残された十八代目は、まだ三十二歳。親を亡くすには早すぎる年齢である。

舞台の上で、本番中、先代（二代目）の中村又五郎の泣き顔を見て父が亡くなったと知った挿話は、勘九郎がさまざまな形で思い出を書き残しているので、ここでは繰り返さない。私はこのとき、昭和の歌舞伎が音を立てて崩れていくのを感じていた。立派な役者、巧い役者は、昭和にたくさんいたけれども、これほど観客に愛された名優はいなかった。いや正しくいえば、立派で、巧く、しかも愛された役者だったのである。今、記録に残る映像を見返してもつくづくそう思う。たとえば、十七代目の『一條《いちじょう》大蔵《おおくら》譚《ものがたり》』の大蔵卿を乗り越えるのは容易ではないと今更思う。

「勘三郎君のお父さんの中村屋さん（先代の勘三郎）から僕はずっと『悪友』って呼ばれていました。

余談になりますが、彼のお父さんの勘三郎さんと僕はあまり共演させていただく機会がありませんでした。

初めて舞台でご一緒したのは一九六三年四月の大阪新歌舞伎座で行ったうちの一家の襲名披露興行での『筆屋幸兵衛』というお芝居でしたが、中村屋のおじさん扮する幸兵衛が暴れるところで、僕が演じているお霜に足を上げて転んで欲しいと言われたものの、僕も子供ながらに女形がそんなはしたないことをしたらみっともないと思ってきれいに足をそろえて転んだところ、勘三郎のおじさんに怒られた覚えがあります。

けれども、一九七九年五月の『第一回関西で歌舞伎を育てる会』公演の『文七元結』で、僕が文七を演じたところ、おじさんが非常に気に入ってくださって、以降中村屋のおじさんの左官の長兵衛で文七を三回ほどやりました。

これは勘三郎君より多いのではないかと思います。

それがちょっぴり自慢です」（『粋に　いなせに　三津五郎』）

自分の息子がいるのに、あえて三回も三津五郎（当時、八十助）を指名してきたのは、確かに異例のことで、ちょっぴりではなく、かなり自慢してもよいのではなかろうか。

また、『演劇界』平成二十年七月号に掲載された勘三郎と三津五郎の対談のなかで、三津五郎は、

「僕は足の出る踊りの時、足にもちゃんと表情つけろって教えます。足にまで神経……神経じゃないな、表情があったのが（十七代目）勘三郎のおじさん。あれはもう絶品。踊りしかり、『法界坊』の穴掘りしかり。『文七元結』のしびれを切らす件にしたって、文七に金を投げつけて引っ込んでゆく足にしたって、ただ走ってるんじゃなく、本当に表情のある足だった。すごいの一言。きっと意識されていなかったと思うんだけど」

司会をしていた私は、まさしく膝を打った。先代勘三郎の魅力が見事に語られていたからである。それに対して勘三郎は応えた。

「それ言うなら、野田秀樹に『俺のどこが好きなの』と聞いたら、『あんたの足だよ。足の表情がいい』って言われたことがあったなぁ。そんなところまで、親子なのかもしれないね」

手や足のなんでもないかたちがきわめて似ている。そんな瞬間に、逃れられない血を感じる。

「なんでもない時でも、〝足が上手〟だったよね」

「うちの親父はお客さんに、金の粉かけちゃうから（笑）」

先代が亡くなってこの対談が行われるまでに、すでに二十年が経過している。この「足が上手」も「金の粉」も勘三郎は継承した。そう誰もが認めている。そう思いつつ三津五郎も私もこの話を聞いていた。

「ぼくも内心、自分は十代目坂東三津五郎になる人間なんだと子供ながらのプライドはあったものの、現実としては、菊五郎劇団の中間管理職、坂東簑助の息子なんです。同い年の勘九郎さんは、十七代目中村勘三郎の息子なんだから、会社の扱いも同じではないですよ。自分のなかで『なんでだろう。悔しいな』と思ったこともありますけど、ただそれは、それぞれの置かれた立場ですから、仕方のないことです」

もちろんこれは三津五郎の僻目ではない。事実だと思っただけに、私はなんの返答もできなかった。その通りですとも、いやそんなこともないですともいえなかった。

裏を返せば、十七代目が健在なときはそのとおりだけれども、亡くなったとたん、勘九郎はたったひとり、自分のちからで歌舞伎の世界を泳ぎ渡っていかなければならなくなった。その現実ははかりしれないほどの重みがある。実力ばかりではない。人気がともなわなければ、門弟をかかえて一門を維持することさえもかなわない。「金の粉」をかけるちからが、勘九郎に求められるときがきていた。

　昭和六十三年までは、ほとんどの年の正月は、十七代目とともに歌舞伎座に出勤していたが、翌年からは、浅草公会堂が続く。また、歌舞伎座への出演が減り、規模の小さな大阪中座での公演も目立つようになる。

　後年になってから勘三郎は、笑福亭鶴瓶との対談で、繰り返し「ぼくは東京じゃない、大阪で育てられたんだ」と言葉にしている。これは十七代目という後ろ盾がなくなったとたんに、歌舞伎座には出演しても、主立った役に恵まれない。そのかわり大阪中座では実質的に座頭の公演が増えたことを指している。

　昭和六十三年七月『東海道四谷怪談』お岩、与茂七、小平、平成元年五月、『髪結新三』新三、平成二年六月『弁天娘女男白浪《べんてんむすめめおのしらなみ》　白浪五人男』弁天小僧、『義経千本桜　四の切』忠信実《じつ》は源九郎狐。大阪道頓堀にあった中座で実力をたくわえていたとわかる。中座は江戸時代には「中の芝居」と呼ばれ、角座とともに長く大阪の大芝居を上演する劇場だった。昭和初期は上方歌舞伎を代表する初代中村鴈治郎の拠点だった。けれども平成になってからは老朽化が進んでいた。松竹新喜劇の拠点でもあったこの劇場に勘九郎は自らの未来を賭けた。

これには少し説明がいる。

役者と関係者のなかに、歌舞伎座こそが日本一の劇場だという暗黙の了解がある。たとえば、新たに挑戦したい演目があるとき「歌舞伎座では無理だけれど、地方でいいから出してみたい」という言い方が普通になされる。勘九郎にとって父十七代目のように、歌舞伎座で自分の出し物を並べるのが究極の目標であった。その目標が遠のいてしまったように、その頃の勘九郎は思っていたのだろう。

十七代目勘三郎とともに、吉右衛門劇団で育った二代目中村又五郎は、勘九郎の初舞台に犬を付き合い、勘九郎としての最後の舞台にも出演するほどの間柄だった。又五郎夫人の兄は、七代目の家に六歳で養子に入り、八代目三津五郎となった。姻戚の関係で三津五郎の家にとっても最長老の尊敬すべき存在だった。二代目松緑、七代目梅幸、六代目歌右衛門亡き後、歌舞伎界に睨みを利かせていた。

**まだ本当に教えてない**

郡司道子の聞き書き『中村又五郎歌舞伎ばなし』（講談社　一九九五年）では、こんな話を残している。時期は推察するに平成三年十月から、平成六年のあいだらしい。引用する部分に先立って、勘九郎の新三に又五郎が家主長兵衛で付き合った話が出ている。平成四年三月歌舞伎座『髪結新三』。小兵ながら底に怖さのある長兵衛で、この舞台の素晴らしさは、今も忘れられない。誰よりも速度感のある役者、勘九郎の新三が、又五郎の家主に、ぐうのねもでないくらいやり込められた。勘九郎ではなく、又五郎の芝居に圧倒されたのである。

「芝居というのは相手があっての芝居でしょ。この頃では、一人芝居ってのもありますけれど。普通の芝居はね、相手が動けるような芝居をしなければ。勘九郎なんか、やりすぎるくらいやりますからね。どんどん押してくる。あれを受けてやらなければ相手はつんのめるんです。正しく受けてやらなければ、変な芝居になってしまう。あの子は、おやじの芝居を見て育ったから教えやすい。ツーといえばカーで。しかし親子というものは欲が出すぎて教えにくい場合もありますよ。他人の方がうまくいくんです。勘九郎は器用な子ですからね。いや少し器用すぎるところがある。これは若いうちに直した方がいい。あれは父の勘三郎になろう、なろうと努力していますよ。利口で達者で、すべてにおいて出来上っているが、ゆとりがないような気がする。見ている方がくたびれてしまう。お客の息を抜いてあげるような芝居をする、これですね。勘九郎は、おやじの勘三郎が死んでから、分らないとこは、やはり私に聞きに来ますね。芝居がハネて、夜遅くやって来るんです。熱心な子だから、納得のいくまであぁだ、こうだって聞きますよ。そして、『おじさん、まだ本当に教えてない』って云ってね。『教えてるよ』と、私の知っていることは全部教えても、まだ勘九郎には足りないんですよ。欲が深い、というか、役者なんですね。でも、この頃じゃ、くたびれちゃってねえ。相手は若いですからね。そのパワーっていうのか、こっちはやっぱりくたびれますよ」(『中村又五郎歌舞伎ばなし』)

勘九郎が先輩の役者に教えを受けている場面が、自分の言葉ではなく、他者から生々しく語られているのはめずらしい。勘九郎の早熟にして熱心なありようが、年季の入った名優の目にどう写っていたかがよくわかる。

また、勘九郎の義父となった七代目芝翫は、平成七年に刊行された『中村屋三代記　小日向の家』(集英社文庫　一九九八年)のなかで、こう語っている。

「いま、あの人に願うことは、駆け出さないことね。ちょっと駆け出しかけているんでね。もうちょっと、もうちょっと抑えて、あと五年たってから叩《たた》いた方がいいんじゃないのかな。だって競馬でいえば、まだ三コーナーのあたりじゃないかと思えるんですよ、いまは」

競馬好きで知られた芝翫ならではの例え話である。聞き手はその話にあきたらず、さらに質問を続けている。

「えっ、駆け出すってことをもっと具体的に話してほしいって……。

うーん、難しいんですけどね。結局、勉強とか努力については言うことはないんだけど、その一つ一つを克明に自分のものにしていった方がいいんじゃないかということです。駆け出すという言葉の意味がちがうかもしれませんけどね」

聞き手は勘九郎の聞書きを長年担ってきた小田豊二である。ここで怯まず、さらに聞いている。三津五郎の聞書きを一人称でまとめた私には、このあたりの呼吸が少し読める。

「いまはもう無理して無理してやってるように感じるんですよ。どうしてもあれをっていうんで、捻《ひね》くり回してでもそこへもっていっちゃうってことを考えてるように、僕には思えるんだけど。

そのことだけですね、いまあの人に対して考えているのは。そうしないと、彼が年齢《とし》を取ってから、味はとても美味しいんだけど、なんか薄味だなってものになっちゃうんじゃないかと、僕はそのことだけを心配してるんですがね」

歌舞伎界の長老、しかも岳父でなければ、決して表に出せない言葉だと思う。この直言を勘九郎はどう聞いたのか。

この時期の勘九郎には確かに焦りがあったろうと思う。どの役というのではないが、勘九郎から天性の愛嬌が退いて、観客に受けようと当て込む芝居が目立った。観客を自分の味方に付けなければ、つぶされるとの意識があったのだろうか。いずれにしろ、あざとい演技が過ぎるのではないかと、歌舞伎を見慣れた観客に囁かれるようになっていた。

私もまた、曇りなき天分が、欲によって乱されていると感じていた。人は愛されることを強く望みすぎてはいけない。それは役者にとっても同じ事だ。勘九郎は、前のめりに生きていた。それは天才がはじめてあじわった苦悩だったのだろう。

# 九、納涼歌舞伎が始まる

**勘九郎三十五歳**
**八十助三十四歳**

平成二年の八月、歌舞伎座の納涼歌舞伎。本当の意味で勘九郎と八十助が、ひとかどの役者といわれるきっかけとなったのは、この公演以降だといっていい。

二月八月はニッパチといって、客が入らない月と言われていた。大立者といわれる役者は、八月は休み、格下の役者が怪談物や本水を使った立ち回りのある「涼しい」演目を見せるのが通例だった。ふたりはこの慣例を逆手にとって、自分たちが芯を取って、実力を養い、人気を集める公演をとうとう手に入れたのだった。

立役にとって三十代の後半は、むずかしい年代だと思う。若旦那や脇の気のいい役ではそろそろ物足らない。かといって時代物、世話物の芯を勤めるには、まだ荷が重いと思われてしまう。勘九郎は女方もこなしたが、芝居での本役といえばやはり立役。八十助は純然たる立役。地力をつけるべきこの時期に、いかなる場で、いかなる役に挑んだかがいずれ問われる。八月の興行がふたりに任されたのは、歌舞伎界の将来を担っていくと松竹の上層部から期待されていたからだろう。

三十半ばにして、ようやく歌舞伎座の一月《ひとつき》を任される。これほどの喜びはなかった。

## 熱にうなされて

平成二年八月昼の部の冒頭におかれた『怪談乳房榎《かいだんちぶさのえのき》』の幕が閉じたとき、私は、

「ああ、ここまでたどりついたのか」

と、思った。

父十七代目勘三郎の急逝を受けて、奮闘してきた勘九郎の転機となるべき舞台だった。素朴な下男の正助、ならず者の蟒三次《うわばみさんじ》、品位のある絵師・重信と、まったく性格の違う早替りがあるからではない。夏芝居らしく大詰では新宿十二社の滝の場面で本水をかぶったからではない。芝居全体に断崖絶壁に立った男の凄まじいまでの熱量があった。その熱は果てることなく、劇場のすみずみにまで及んだのを今でも覚えている。

こうした熱は、『名月八幡祭』で縮屋新助《ちぢみやしんすけ》を初役で勤めた八十助にも共有されていた。八十助は、これまで感情のぶれを面に出すことを嫌っていた。その藝風が微妙に変化した

のを感じた。ふたりは納涼歌舞伎という熱にうなされ、これまでの鬱屈を払おうとしていた。

勘九郎は、この他に『真景累ヶ淵　豊志賀の死』の新吉、『団子売』のお福。八十助は、『於染久松色讀販　お染の五役』で女猿廻しと『乳房榎』の松井三郎、『団子売』の杵造に出たが、女猿廻しと松井三郎は、「付き合って出た」といっていい役だろうと思う。

ふたりの共演は、文楽から歌舞伎に移された『団子売』だった。夜の部の切りである。八十助、勘九郎が団子を売る夫婦を軽妙に踊った。納涼歌舞伎の出発を祝う喜びにあふれていた。記録を調べると、昭和二十七年の七月に、七代目三津五郎の杵造、十七代目勘三郎のお福で『団子売』が歌舞伎座で出ている。八十助にとっては曾祖父、勘九郎にとっては父にあたる。この例にならったものだろう。

納涼歌舞伎に掛けるふたりの熱は一年では終わらなかった。年を追うごとに、納涼歌舞伎の狂言立ては、他の月と一線を画していると明らかになる。

八十助の言葉を借りれば、

「八月は歌舞伎がはじめてのお客さまにも愉しんでいただける演目を考える」のだという。

東京が熱暑となる八月。納涼歌舞伎では二人が出演しない演目も含め、季節を重んじる歌舞伎の狂言立てを意識して、怪談話を並べた。『乳房榎』に続き、宇野信夫の『怪談蚊喰鳥』（平成三年）、皿屋敷物では、もっとも頻繁に上演される岡本綺堂の『番町皿屋敷』ではなく、『播州皿屋敷』（平成十四年）、やはり円朝原作だが黙阿弥による従来の歌舞伎台本ではなく、大西信行が杉村春子と文学座のために書き下ろした『怪談牡丹燈籠』（平成十五年）。怪談物といっても旧来の狂言をそのまま出すのではなく、新鮮味を出すために苦心しているのがわかる。

いうまでもなく、歌舞伎座では、一年を通して黙阿弥の狂言は頻繁に上演されている。『白浪五人男』や『三人吉三』がその代表作である。黙阿弥をそのまま並べていては、他の月との差別化ができない。黙阿弥に拮抗できる作者といえばだれか。わかりやすく、楽しんでもらうことを第一に考えれば、近松門左衛門でもなく、鶴屋南北でもなく、三遊亭円朝より他はない。納涼歌舞伎のレパートリーを振り返ってみればよくわかる。『乳房榎』（平成十四年・二十一年）『豊志賀の死』（平成九年・十四年・二十一年）と、この円朝原作の二本は、たとえば約二十年後の納涼歌舞伎でも上演されたように、繰り返し、取り上げられることになる。

いずれにせよ、八月歌舞伎座、納涼歌舞伎は、勘九郎、八十助ふたりにとってかけがえのない拠点となった。それぞれが芯の役者として他で役を勤めるようになってからも、襲名のような特別の理由がない限り、納涼歌舞伎を休むことはなかった。

思い出の場所だからではない。みずからの原点を確認しつつ、次の場所へ進んで行くための実験の場だった。納涼歌舞伎の変遷については、追って書いていく。

# 十、『春興鏡獅子』と『京鹿子娘道成寺』

**勘九郎三十六歳**

私は出版社に勤務しつつ、二十五歳からは雑誌『新劇』などに現代演劇の劇評を書いていた。当時は、私自身が歌舞伎の劇評に手を染めるなどとは考えもしなかった。仮にそんな日がくるとしても、還暦を迎えるあたりかなと勝手に考えていた。当時は、蜷川幸雄、野田秀樹やデヴィッド・ルヴォーの舞台を中心に評を書き続けていった。けれども、子供時代から歌舞伎を見続けていたこともあって、野田やルヴォーと同世代の勘九郎、八十助の仕事を広く知らせたい気持ちは強かった。

私が勘九郎とはじめて会ったのは、女性誌の編集者としてである。平成三年、半年ほどかけて勘九郎の仕事を追った。四月、四国の金丸座へは、吉右衛門や野田秀樹のすぐれた舞台写真集を残した写真家の稲越功一とともに旅をした。この月、勘九郎は『身替座禅』の山蔭右京、『松浦の太鼓』の大高源吾、『義経千本桜』「吉野山」の忠信を勤めている。江戸時代の風情を残すこの劇場の上手最後方にある枡席をひとつ買い切って、稲越と慎重に撮影をしたのを思い出す。狭い小屋だけにシャッター音は全体に通ってしまう。舞台の邪魔にならないように腐心していたのが、つい昨日のことのようだ。稲越カメラマンも鬼籍に入ってしまった。

## 二階、三階のお客さんを忘れちゃいけない

今回、勘九郎に聞いたインタビューを読み返したが、二十年以上前だけに、すっかり内容は忘れていた。ポートレイトは当然のことながら若々しい。

「舞台の上の勘九郎さんには、お客さんを抱きしめる感じがありますね」

「そういってくれると、うれしいんですが、子供の頃にうちの父の芝居を見て、勘三郎を愛してくれるのは、二階、三階のお客さんなんだ。一階で高いお金出してくださるお客さんもありがたいんだけど、二階、三階を忘れちゃいけないっていうのを、子供心に感じたんですね。

ただ、そうはいっても、やっぱり出し物によっては、歌舞伎座の三階だと声が届かないものがあるんですよ。これは残念ながら。『髪結新三』で（お熊といい仲になった手代の忠七をそそのかすように）〝お熊さんを、あんた連れて逃げておやりなさいよ〟と、（囁くよ

うに）言う。これは内緒話ですからね。（中略）これを声を張ってしまうと、芝居じゃなくなっちゃう。昔、この芝居を（河竹）黙阿弥さんが書いたときは、そんなに歌舞伎座のような大きな小屋を想像していないでしょうからね。それが琴平（の金丸座）でやれば、〝連れて逃げておやりなさいよ〟って、お客さん全部に聞こえるわけだ。

六代目菊五郎は、市村座という琴平よりちょっと大きい小屋でやって受けていたんだけれども、歌舞伎座に行ったわけだ。あまりの広さに、うちのばあさんに向かって、〝おれの芝居は三階に届かない。どうしよう〟といって悩んだ時期が、あの名人にもあるそうですからね。

金丸座みたいな小屋が、全国に残ってて、こないだも岐阜の東座《あずまざ》を見てきたんですけど、東京にもほしいですよね」（「中村勘九郎」『SPUR』平成三年七月号）

楽屋を訪ねて挨拶したとは思うが、話し込むことはなかった。次に勘九郎と会ったのは翌四年の二月、京都南座だった。このときの写真家は、秋元孝夫だった。

記録を調べるとこの月、勘三郎の役は『一條大蔵譚』の大蔵卿、『荒川の佐吉』辰五郎、『春興鏡獅子』の小姓弥生後《のち》に獅子の精、『与話情浮名横櫛』「見染」の鳶頭金五郎である。納涼歌舞伎から二年。南座とはいえ、勘九郎が昼の部、夜の部を通して、芯となる主役を勤める役者になりおおせていることに驚く。昇り龍の勢いがあった。

小田豊二のインタビューに勘九郎は応えている。

「これは見てもらいたい踊りだけど、疲れますね（笑）。

いや、ほんと。もう連日、クタクタですよ。

今年の二月の南座の舞台で11回目かな。これだけ『鏡獅子』をやらせてもらえるのは幸せなことなんだけど、体力がいるんですよ。毛を振り立てて舞い狂うんですから。体力だけじゃないね、気力も充実していないと、絶対にいい踊りにならないですね。

大奥につとめる可憐な女お小姓弥生が鏡開きの日に手獅子を持って踊っているうちに、獅子の精が乗り移って、後半は豪快な獅子の舞いになるんですけどね、公演中は『なんで、こんなきつい踊りを踊らなければいけないんだろう』って思ってますよ。

でもね、公演が終わるでしょ。そうすると、『ああ、終わっちゃった。今度、いつ踊れるんだろう』って、必ず思うから不思議ですね。

やっぱりね、それだけ魅力がある踊りなんだと思いますけどね、きっとどこかで、いつか踊れなくなる日がくるのが怖いんだろうと思いますよ。

うちの親父でも、最後はやっぱり無理だったものね。普通、元気だったら、七十や八十だってできるものが多いでしょ。でも、この『鏡獅子』だけは、そうはいかないですからね。獅子の気持ちにはなれても、体力が正直いって続かない……。うん、今度、踊る機会があったら、ぜひ見てもらいたいもののひとつかもしれないですね」(「中村勘九郎の『歌舞伎入門』」『SPUR』平成四年八月号)

長年、勘九郎の聞書きを務めてきた小田への信頼がある。『春興鏡獅子』への思いがあけすけに語られている。

## 「人たらし」の素顔

夜の部の『春興鏡獅子』が終わった。番頭さんに案内されて楽屋を訪ねた。慣れていない楽屋訪問で緊張していた。その緊張をほぐすかのように、勘九郎は突然、早口で話し始めた。

「あ、ごめんなさいよ、今日の『鏡獅子』はなかったことにして。昨日、ちょっと飲み過ぎちゃったから」

もとよりその時分、私に舞踊のよしあしを見極める目があったとは思えないが、素人目には、前シテの弥生は可憐、後シテの獅子の精は勇壮。文句のつけようのない『春興鏡獅

子』に思えた。そんなことを、もそもそと告げると、

「いいの。無理にお世辞いわなくて」

きっぱり言った。

「それよりね、昼の部の『藤娘』。時蔵が踊っているんだけど、あなた観た？　そう。ある劇評家が来てね、『藤娘』を観ないで、僕の楽屋で雑談していくんだよ。時蔵のことを嫌いなのかも知れないよ。でも、どうなっているの。おかしいじゃない」

怒りをあらわにするのである。

その劇評家が誰だったかは知らない。このとき、暗黙のうちに私は楽屋での礼儀を勘九郎に教わった。楽屋には、仕事や用事がなければいくべきではない。ましてや、他の演目が上演されている中、長居するなどとは、もっての外であろう。

勘九郎は私がのちに劇評家になるとは思いもしなかっただろうと思うが、私はほぼ初対面で大切なことを教わった。勘九郎、八十助いずれも楽屋を訪ねたのは、二十数年のあいだで、それぞれ二十回に満たないだろう。単にご機嫌伺いに伺ったことはまずない。こんな杓子定規な原則を作らなければ、もっとふたりからざっくばらんな話を聞けただろう。今となっては惜しい気持ちはあるが、ふたりと緊張感のある関係を持ち得たのは、私があ

ちらこちら役者の楽屋を渡り歩く「楽屋とんび」にならなかったからだと信じている。

私が現代演劇の劇評を書いていることさえ、当時の勘九郎は知らなかったろう。けれど、なぜかほとんど初対面の編集者に、これほど打ち明けた話をした。勘九郎の飾らない態度に惹かれた。

三津五郎はのちに「子供のころから、こんな人たらしはいないと思った」と勘九郎時代の勘三郎を評したが、このときの私も見事に魅了されていた。

その日の夜は、他の編集者やテレビ局の人々など十人以上で勘九郎を囲む食事会があった。祇園花見小路に今もある貸座敷の「えん」だった。賑やかにご陽気に。そこにつどった人、ひとり残らず愉しませる粋な宴会になった。勘九郎は病に倒れるまで、連日連夜のように、こんな宴会を取りしきっていたのだろう。

# 十一、浅草公会堂の八十助

## 八十助三十三歳

歌舞伎座や国立劇場のお正月も、もちろん浮き立つ気分にあふれているが、浅草は初詣客で賑わう浅草寺が控えているだけに独特の雰囲気がある。昼の部と夜の部の幕間や昼の部が始まる前に浅草寺に参ると、新たな気分になる。劇評家や記者はこの浅草公会堂のロビーで、最初の幕間に、新年の挨拶をするのが習いである。みなさんに「あけましておめでとうございます」と申し上げ、また一年、決まった観劇日をともに過ごすのである。

新春浅草歌舞伎の歴史は、昭和五十五年一月に始まっている。近年では、毎年お正月、特に、若手中心の座組で行われている。この五十五年の狂言立ては、二代目中村吉右衛門の鳴神上人《なるかみしょうにん》、勘九郎の雲《くも》の絶間姫《たえまのひめ》による『鳴神』、五代目坂東玉三郎の『鷺娘』、勘九郎の『供奴』、そして吉右衛門の直次郎、玉三郎の三千歳、勘九郎の暗闇の丑松による『雪暮夜入谷畦道《ゆきのゆうべいりやのあぜみち》』。昼夜同一演目だが、花形歌舞伎の名にふさわしい配役で、お客からすると垂涎《すいぜん》の舞台だった。吉右衛門、玉三郎のようなひとつ上の世代に対して、一歩も引けを取るまいとする勘九郎の覚悟がひしひしと伝わってきた。

翌年の浅草歌舞伎で八十助は、父の七代目簑助（のちの九代目三津五郎）の親獅子に仔獅子を勤めている。規矩正しい『連獅子』を見せた思い出の舞台だ。私がこれまで観てきた十七代目勘三郎と勘九郎の『連獅子』とは、うってかわって重厚にして荘重、乱れがない。同じ舞踊でも、これほど家の藝風によって違って見えるものかと感じ入ったのを覚えている。

## フジテレビとＮＨＫ

この浅草公会堂で勘九郎と八十助が初めて同じ舞台を踏んだのは、昭和六十四年（平成元年）一月だった。勘九郎の悪玉、八十助の善玉で『三社祭』を踊り、これもまた『棒しばり』と同様、ふたりの当り狂言となって、繰り返し踊ることになる。

「坂東の家は、『下手でもいいから、ちゃんとやれ』という教育でした。『お客さんにわからなくてもいいから、ちゃんとやんなさい』と、叱られる。それだけに、ちょっとでもお客に受けるようなことをしたら、めちゃくちゃ怒られました。

うちの叔母が、勘九郎さんとぼくが踊った『三社祭』を見て、

『フジテレビとＮＨＫが踊っている』

うまいこと言うなと思いました。

ええ、こんなことを言っては、差し障りがあると思いますが、中村屋がフジテレビで、ぼくがＮＨＫです（笑）」

「確かに」と膝を打って私も笑った。

「中村屋が聞いたら怒るかな」

三津五郎も笑った。ふっと真面目にかえって言葉を継いだ。

「『三社祭』は、浅草の三社権現の祭礼をあてこんで、祭礼の踊屋台の山車人形に魂が入って動き出すという趣向です。（中略）いまは、もうちょっと融通が利くようにはなっていますけど、（勘九郎と初めて踊った）当時のぼくは硬かったです。でも、ぼくに求められているのは、きちっと踊ることでした。基本的にはうちはその精神です。中村屋がいちばん得意なことをぼくがやると、『もうご飯を食べさせない』ということになる（笑）。

どちらが正しいというのではありません。同じ踊りを同じ舞台で踊っていても、家の環境もあり、自分なりの感性があり、それぞれだと思いますよ」

当時はなるほどと聞いていたが、よくよく考えてみるとこの浅草公会堂の一月で、八十助は三十三歳になっている。いい大人に「もうご飯を食べさせない」なんて、ありえない話だ。

けれど若い頃から踊ってきた『三社祭』の話になったとたんに、幼年期の両親の厳しい躾が、よみがえってきたのだろう。

八十助と初めて会ったのは、平成十年一月の浅草公会堂に出演したときだったろうか。公会堂二階のロビーで五重塔をぼんやりと眺めながら、私はカメラマンや松竹の宣伝と待っていた。演目は黙阿弥の『河内山』だったのを覚えている。

その直後もやはり取材で会った。十一月歌舞伎座昼の部、七代目中村芝翫が『紅葉狩《もみじがり》』の芯となる更科姫《さらしなひめ》を勤めたとき、八十助が山神《さんじん》を踊った。この舞踊劇で山神は、踊りの才に恵まれた役者が配されるのが習いとなっている。それを踏まえてか、事前の取材に行った私に、

「『紅葉狩』は実は山神のためにあるんじゃないかと思っているんです」

まだ、狂言の芯を取れない悔しさを、私は感じた。きっぱりとした口調が印象的だった。

勘九郎は昭和五十五年に中村芝翫の娘好江と結ばれて、雅行（現・六代目勘九郎）、隆行

（現・二代目七之助）とふたりの子供がいた。八十助は昭和五十八年に宝塚歌劇団の花組トップスターに内定していた寿ひづると電撃結婚し、平成元年には光寿（現・二代目巳之助）が生まれている。

# 十一、浅草公会堂の八十助

# 十二、コクーン歌舞伎。新たな世界へ

## 勘九郎三十九歳

八月納涼歌舞伎の成功もあって、平成二年からは、勘九郎、八十助ともに芯となる役を勤める役者としての地位を、次第に確立したように思える。翌三年には、七月大阪中座、八月歌舞伎座と連続で同じ舞台を勤めている。まさしく盟友と呼んでふさわしい関係とみなされるようになったのはこの頃からだと思う。

初期の納涼歌舞伎では、平成四年に昼夜を通して上演された『義経千本桜』の半通しが思い出深い。昼は、「鳥居前」「渡海屋《とかいや》・大物浦《だいもつのうら》」「吉野山」、夜は「木の実・小金吾《こきんご》討死《うちじに》」「すし屋」「川連法眼館」が出た。勘九郎は「渡海屋・大物浦」の相模五郎、「吉野山」の静御前、「木の実・小金吾討死」「すし屋」のいがみの権太、「川連法眼館」の義経。八十助は、「鳥居前」「吉野山」「川連法眼館」の忠信実は源九郎狐、「渡海屋・大物浦」の入江丹蔵と獅子奮迅の活躍であった。

## プロデューサーとしての飛躍

「渡海屋・大物浦」の知盛は三代目中村橋之助。義太夫狂言の大物を若手だけで勤めたこの月は、のちの勘九郎を考えると興味深い。古典のなかでも義太夫狂言の三大名作の一つとみなされている『義経千本桜』を通して上演する。その経験を生かして作品全体を見直し、独自の解釈をほどこし次の公演につなげていく。勘九郎は松竹の歌舞伎役者であるとともに、コクーン歌舞伎、平成中村座の実質的な企画者、プロデューサーとして大きく飛躍する時期を迎えていた。

まず端緒となるのは、コクーン歌舞伎である。渋谷の Bunkamura にあるシアターコクーンは、平成元年九月に開場した現代演劇のための劇場で、客席数七百四十七席。芸術監督は当初より演出家・舞台美術家・俳優の串田和美が勤めた。串田を中心とするレパートリーばかりではなく、中島みゆきの『夜会』を連続上演するなど先進的な企画で知られていた。

串田としては、コクーンを東京の中心的な中劇場とするために新しい企画が必要だったのだろう。勘九郎と語らって、平成六年五月二十九日から六月二十六日まで第一弾として『東海道四谷怪談』を串田の演出で上演した。コクーンには、花道もなければ、早い転換を可能とする盆もない。歌舞伎上演には最適とはいえない劇場で、まったく新しい試みが始まった。

私はその頃、現代演劇の専門誌『テアトロ』に劇評を連載していた。歌舞伎劇評を書いたことはなかった。それにもかかわらず、同じ月に銀座セゾン劇場で上演された勝新太郎主演の『不知火検校』とこの四世鶴屋南北作・串田演出の『東海道四谷怪談』について劇評を書いている。

評はフジテレビギャラリーで開かれた『我ひとり逝く　草間彌生展』の感想からはじまっている。草間の『地球の孤獨』(一九九四年)について「私はこの作品をみながら、巨大な哄笑が弾けるのを聞いた。ここでは、常識や思いこみは、あっさりと転覆させられ、腹のそこからわきあがるような黒い笑いが、空間を埋め尽くしたのである」と書いている。この黒い笑いが勘九郎の舞台にもあるとの趣旨だった。草間の感想から書きはじめたのはいささか異様だが、私も客気にとんでいたのだろう。

その評を引用する。

「中村勘九郎によるこの『東海道四谷怪談』は、その意味では、『歌舞伎役者の芸というほとんど神聖化された領域』を歌舞伎役者の手で再検討する試みだったといえるだろう。

舞台上の制約をものともせず、砂村隠亡堀の場ばかりか、仇討ちの場にも本水を使い、与茂七（勘九郎）と伊右衛門（橋之助）が大立ち回りを見せる。この執拗な水と雪の洪水は、それまで『歌舞伎』の領域にかろうじてとどまっていた舞台に、なにか異様なものが接ぎ木されたような印象を与えた。

それは、観客サービスが過剰に高まってしまったというよりも、この南北の作品を納めるために必要な儀式のように思えたのである」

こうして書き写していても気恥ずかしいが、舞台にあった熱気をなんとか劇評に再現したいと私は願っていた。三十八歳の私は勘九郎の大胆な挑戦に興奮していたのだろう。理屈ではない。エンターテインメントとしての歌舞伎の本質を、串田と勘九郎はわしづかみにしてみせたのだった。

伊右衛門に横恋慕した孫娘を溺愛する伊藤家は、お岩の病のためにと血の道の薬を持ってくる。実は、薬ではなく毒薬。お岩の面相を醜くする企みだが、お岩は好意を疑うことなくこの薬を服用したために、面相は変わり、黒髪がごっそりと抜けていく。ひと櫛ごとに抜けていく髪の残酷さ。そして、変わり果てた姿をお岩は鏡のなかに見いだす。『四谷怪談』のなかでも白眉ともいうべき「髪梳き」の場である。

「ここにあるのは、異形であることの根源的な力であった。女としての生は閉じた。けれども、怨霊としての生は始まったばかりだ。ここにも死によっては、破壊されない生命の所在とその果てしのない力が立ち現れてくる。伊右衛門という悪は、はからずもその徹底した性根によって、お岩のなかから過剰で果てしのない力を、その内臓をえぐりだすようにつかみ出してしまったのである」

この劇評の題名は「悪について　勝新太郎と中村勘九郎の近作をめぐって」である。私はいわゆる歌舞伎評ではなく、現代演劇の一作品として劇評を書こうとしていた。

雑誌が発売になって間もなく、コクーンの制作を務めていた渡辺弘から「勘九郎さんがとてもよろこんでいますよ」と伝言が伝えられた。それだけでも十分報われたように思った。

歌舞伎評としては、これまでの上演との比較や型の分析を欠いており不完全だったが、コクーン歌舞伎を現代演劇の文脈から読み解こうとする私の意図を理解してくれたのがうれしかった。

この頃、神楽坂周辺で食事をしていると勘九郎一家と偶然、会うことが多く、顔と名前は見知っていてくれたのだろう。神楽坂の焼き鳥屋「文ちゃん」で、まだ幼い雅行、隆行兄弟を見掛けたのを今も懐かしく思い出す。

その直後、九段北の中国飯店に友人と二人で食事をするために入っていったら、勘九郎夫妻がいた。プライベートを邪魔してはいけないと黙礼をしたままでいたが、しばらくして夫人を伴い、席を立って私たちのところへ来た。笑顔ではあるが、姿勢を正した清々しい役者振りで、私も友人も思わず席を立って迎えた。薄暗い中国飯店の店内に、そこだけ灯りがともったかのようだった。

「ありがとう。とてもすてきな評でした。ほんとうにうれしかった」

食事途中にわざわざ立ち上がり、席にまで来て、頭まで下げてくれたのには、恐縮した。ここまでされて、うれしくない人間はいない。勘三郎の嘘のなさ、まっすぐな気持ちに心を動かされた。このことは誤解を与えようとも、正直に書いておかなければいけないと思う。

勘三郎は何を考えていたのだろうか。劇評を読んで、おもしろいと思えば迷いはない。相手にどう思われようともかまわず、まっすぐに伝える。先に書いた三津五郎の言葉のとおり、まさしく「人たらし」だった。

# 十三、コクーン歌舞伎の展開

**勘九郎四十六歳**

『東海道四谷怪談』で大成功を収めたコクーン歌舞伎は、一回限りの火花には終わらなかった。翌々年の平成八年九月には、このコクーン歌舞伎だけでも四演を重ねた『夏祭浪花鑑』を上演している。この作品については、平成中村座のニューヨーク公演があるので、のちに詳しく書く機会があるだろう。平成十年九月には、北番、南番と配役を替え、源五兵衛と三五郎の二役を橋之助と交互に勤め、『盟三五大切』を上演した。

そして第四弾として高い評価を得たのが、平成十三年六月の河竹黙阿弥の『三人吉三』だった。

雑誌『演劇界』はこの公演を受けて「二つの視点　コクーン歌舞伎　三人吉三」と題して、現・早稲田大学教授の児玉竜一と私の劇評を併載した。

私は「演出権のありか」とタイトルを掲げて、以下のような評を発表している。

「現代の歌舞伎を標榜しながら、なぜ思い切った手を打たないのか、コクーン歌舞伎の慎重、周到な歩みに、あきたらない思いをしてきた。しかし、四回目を迎えた『三人吉三』（河竹黙阿弥作　串田和美演出　竹柴徳太朗補綴）にたどりついて、ようやくその道筋が見えてきたように思う」

なんとも挑発的な書き出しだが、これまでのコクーン歌舞伎では、回り舞台が常設されていないなど、劇場機構に問題があり、場の転換に時間がかかりすぎた。そして何よりも、古典に斬新な解釈を打ち出すには至らなかった点に私は不満を持っていた。

裏を返せば第三弾までは、この不可欠な作業が出来ていなかったと言っている。私はすでに四十五歳になっていた。いい年齢になっていながら、いきなり喧嘩腰なのが情けない。よい場面だけを抜き出す従来の上演形態では、『三人吉三』は「大川端庚申塚《おおかわばたこうしんづか》の場」のみ上演されることが多い。「月も朧に白魚の」でよく知られた黙阿弥の七五調の台詞を味わう芝居である。江戸の不良の三人、お嬢吉三、和尚吉三、お坊吉三が固めの盃を交わし、兄弟分の誓いをする様式的な場面となっている。串田演出はこうしたルーティーンを一変させたのだった。

「また、和尚吉三、お坊吉三、お嬢吉三、主な三役の衣裳をこれまでの慣例から解放している。大川端の場でお嬢の衣裳を黒から緋色に変更し、お坊の青を鮮烈な明るい青として、和尚が着る黒と白の柄とともに、三者の新たな構図を提示する。衣裳コーディネートは、野田秀樹の演出作品で知られたひびのこづえだが、色彩の面をかっきりと背景に映し出した齋藤茂男の照明とともに、伝統の墨守がいかに革新をさまたげていたかを語っている」

古典歌舞伎では衣裳や照明、小道具の扱いに至るまで細部にまで「型」が決まっている。通常の上演では松竹衣裳が決まった衣裳を出してきて、金井大道具がなまこ壁の装置を組み柳を立て、藤浪小道具が盃などの小道具を用意する。ここではそうした細部までが検討されて新たな創造が行われていた。歌舞伎の用語に従えば、この串田演出以降は「串田の型」もしくは「コクーンの型」が新たに誕生したことになる。

## 演出家のいない古典歌舞伎

歌舞伎はひとつの題材をさまざまなかたちで書き替えていく歴史である。この『三人吉三』は、お七吉三物の書替作として位置づけられる。天和三（一六八三）年に放火の罪で火刑に処せられた本郷の八百屋娘お七を題材とした一連の作がある。大詰の串田演出は、この連続をあっさりと断ち切ったように思えた。

「雪はあくまで三人の罪過、因果を浄化する意味を帯びてふりしきる。風が鳴る。擬音ではなく、録音されたＳＥ《サウンドエフェクト》である。そればかりか、異様なまでに大きな雪崩が執拗に繰り返され、非現実の世界へと躍り込む。ついには、歌舞伎俳優の背負った歴史性やこの劇で演じてきた役柄さえもが剝ぎ取られて、自然のあらがいようもないちからのただなかで、裸型となったひとりの人間が差し出される」

児玉の歌舞伎評と併載されることは、原稿依頼の段階から知っていた。おそらくオーソドックスに書かれるだろうから、私は少し暴れてやろうと思っていた。挑発的な書き出しもあって、反発を買うかも知れないと思っていたところ、発売間もなく、編集部の若井敬子から電話で連絡があった。勘九郎がみずから編集部に電話をしてきて、児玉と私の劇評を読んだといい「本当にいい企画だね。うれしいよ。また、やってください」と激賞したというのである。それを聞いて、「ああ、勘九郎にはこうした劇評も通じるのだな」と思ってうれしくなった。

劇評は単なる舞台の解説ではない。同じ舞台人として共犯者となることも出来る。舞台を通して、役者と評論家は公開のかたちで、ひそやかな会話を続けてきたのではないか。私もまた、その歴史に連なっている。この電話の話を聞いて、私はそんな妄想にひたった。

古典歌舞伎には演出家はいない。芯に立つ役者が主役を演じながら、配役、演出などすべてを取り仕切るのが通例だった。

「コクーン歌舞伎の目的は、ひとことでいってしまえば演出権の確立である。演出の範囲は、現代演劇においても、かならずしも明解ではないが、上演台本、演技、ステージング、そしてスタッフワークに関する最終的な（中略）責任を負う立場にある」

単純に串田演出と私は書いた。稽古場にいたわけではないので、絶対とはいえないが、正確にいえば、串田・勘九郎共同演出というべきだろう。そののち勘九郎が現代演劇の演出家、野田秀樹や松尾スズキと新作に取り組む様子をときに見る機会があった。勘九郎がかかわった現場ばかりではない。『NINAGAWA 十二夜』の稽古場では、ずっと芝居が蜷川幸雄と尾上菊五郎によって創り上げられるのを見てきた。

その経験を踏まえていえば、串田の新しい解釈を役者やスタッフへ「歌舞伎の用語や言い回し」で伝え、具体化する役割を勘九郎は負っていた。この『三人吉三』が成果を上げたのは、勘九郎のプロデューサーとしての才能が、熟してきたからではないか。

ある関係者は『三人吉三』の舞台を観て、「串田和美演出のクレジットを借りて、勘九郎さんは、古典から離れて自由な芝居ができている」と言った。これはかなりうがった見方だと思う。歌舞伎界にはうがった見方をする通人が多いのは確かだけれども、現代演劇の演出家の力量だけでは、歌舞伎の現場がスムーズに動かないのも事実である。勘九郎は現代演劇の演出家のプライドを傷つけずに、楽しい稽古場の空気を創り出し、よい舞台へとつなげていく仕事を軌道にのせたのだった。

# 十四、十代目三津五郎襲名

**三津五郎四十五歳**

十七代目勘三郎が残した名言に、
「歌舞伎とは、襲名と追善と見つけたり」
がある。

年表を眺めていると、歌舞伎の歴史は、襲名と追善のあいだに、普段の興行があるかのようにさえ思えてくる。襲名とは単に名前が変わるだけではない。継ぐべき名跡が背負っている「家の藝」の継承者として立っていく決意を意味する。それだけに、襲名披露の公演で、どんな演目を出すかは、先代までの先人たちの業績を意識し、しかも自分のこれからの方向性を示すために考えぬかなければならないだろう。

平成になってからでも、平成元年四月には、十七代目勘三郎一周忌追善、平成二年五月、六代目尾上松助襲名、十一月三代目中村鴈治郎襲名、十二月八代目市川門之助襲名、平成三年五月二代目辰之助襲名、六月三代目時蔵三十三回忌追善、平成四年四月四代目中村梅《ばい》玉・九代目中村福助襲名、平成六年一月「猿若祭」としているが実質的には、十七代目勘三郎の七回忌追善、四月初代白鸚十三回忌追善、平成七年五月二代目松緑七回忌追善、七月初代市川猿翁・三代目市川段四郎三十三回忌追善、平成八年五月五代目尾上菊之助襲名、平成九年二月七代目梅幸三回忌追善、十一月七代目三津五郎三十七回忌・八代目三津五郎二十三回忌追善、平成十年一月、十五代目片岡仁左衛門襲名、平成十一年五月六代目菊五郎五十回忌追善、平成十二年四月十七代目勘三郎十三回忌追善と目白押しである。

襲名はなによりまず、本人の実力と人気によるものだけれど、追善となるとまた別の力学が働く。亡くなった役者が観客の心に残る名優であることが前提となる。その上で、家を守るべき息子や名跡の後継者に追善をするだけの器量、率直にいえば興行を成り立たせるだけの人気と実力がそなわっていなければできるものではない。そんな見方からすると、追善を主だって行った役者たちの歌舞伎界での立場が伺い知れる。なかでも若くして、父十七代目の一回忌、七回忌、十三回忌をなしとげた勘九郎が、この十数年で錚々《そうそう》たる地位を築き上げたことが証明される。

勘九郎の岳父は、七代目中村芝翫である。芝翫は、五歳の時に父、五代目福助を亡くし、昭和初期の歌舞伎界に君臨した祖父、五代目歌右衛門のもとで育てられるが、その祖父も十二歳のときに亡くなっている。のちには祖父の遺言で六代目菊五郎のもとに預けられた。

歌舞伎界で他にはないほどの権勢を誇る名門の御曹司に生まれたが、親、祖父に先立たれたために、苦労を重ねつつ現在の地位を築いた人物である。芝翫は追善についてこうもらしている。

「哲《のり》ちゃん（中村勘九郎）、偉いよねえ。そりゃ、仏になられた兄さんのお徳も多分にありましょうが、親の追善ができかねる人が多いなかで、あんなに立派なのがやれたんだから、哲ちゃん、よくやったと思うなあ。やろうと思ってもできないものですからねえ、リサイタルやるわけじゃないんですから」（『中村屋三代記』）

勘九郎、八十助が芯に立つ役者として立場を一歩一歩固めているとき、平成十一年四月に九代目三津五郎が急逝した。妻喜子はその前年の十一月に先だっている。

八十助は十代目になってから父九代目を振り返って、菊五郎劇団で育ちながら、吉右衛門劇団系統の八代目三津五郎の養子になったこと、藤間流の代稽古をしていたにもかかわらず、坂東流の家元となったことをあげ、こう話している。

「劇団の違いと、踊りの流儀の違い。両肩にその重しがのしかかっていたのでしょう。よく『おだやかな方でしたね。円満な人でしたね』と言われますが、それは晩年の十年間です。ぼくからすると信じられない（笑）。すぐに手が飛んできたし、後輩にも容赦がありませんでした。

亡くなった六代目の尾上松助さん、今の（九代目市川）團蔵さんとか、少し上ですが、（八代目坂東）彦三郎さんとか、早くに亡くなった（初代尾上）辰之助さんにとって、うちの親父はむちゃくちゃ怖い鬼軍曹みたいな感じでした」

**三津五郎襲名**

さて、襲名である。五代目八十助は、平成十三年の一月、二月に歌舞伎座で十代目三津五郎を襲名している。このときの主な出し物は、一月は『喜撰』の喜撰法師、『御所五郎蔵《ごしょのごろぞう》』の甲屋与五郎、『寿曾我対面』の曾我五郎時致《そがのごろうときむね》、『団子売』の杵造。二月は『奴道成寺《やっこどうじょうじ》』で白拍子花子実は狂言師左近、『め組の喧嘩』の辰五郎、『越後獅子』の角兵衛を踊っている。

当時松竹のトップだった永山武臣会長はこんな言葉を新しい三津五郎に贈っている。

「三津五郎の名は曾祖父の七代目、祖父の八代目、そして先年亡くなった父九代目と三代にわたって皆、芸の堅実さと温厚な人柄を思い起こさせる。

新・三津五郎も若いけれど芸の確かさにはすでに定評がある。父親に鍛えられた踊りが体に備わっており、芝居も先輩から習得したものがきちんと蓄えられている。その意味では堅実で安心できるが、私はときには思い切って自分の殻を破って飛び出すことも必要だと思っている。以前私は『鳴神』の鳴神上人をやったらいいと勧めたことがある。しかし本人は線の太い荒事は自分の仁《にん》ではないからできないと断ってきた。私は仁でないと決め付けずに、思い切って全力でぶつかることが、当時の八十助さんに必要だとみたので、なんとしてもやるようにと再三勧めて引き受けてもらった。平成二年正月の浅草公会堂での『鳴神』は八十助さんの内に秘められていた力が迸り出て、見るものの目を見張らせた。それから『矢の根』の五郎や『逆櫓《さかろ》』の樋口などをやってもらい、いずれも好評だった。俳優であるからには長い人生のなかで幾たびも壁にぶつかることがあるだろう。そういう時、自分のことは自分が一番よく分かっているとばかり考えずに、ときには客観的に見ている人の意見に従って身を投げ出してみるのも大切なことだと思う。

三津五郎の名を襲ぐと不思議に人柄まで温厚になるものと私は思っている。新・三津五郎も今回の襲名を機に、一層芸を大きくし、人間的にも一まわりも二まわりも大きくなって、役者としても坂東流の家元としても立派になって、後世に名を残す俳優のひとりとなって貰いたい。いや必ずなってくれると信じている」

この文章は、襲名に先立つ前年の十二月、NHK出版から出た『十代目坂東三津五郎』に収録された「三津五郎襲名を祝う」である。永山会長は昭和四十二年に四十二歳で演劇担当取締役に就任して以来、松竹の歌舞伎を長く掌握していた。

この文章には、興行界の頂点にいる人の内心があらわれている。十代目のどこを認め、どこをのばすべきか。具体的には荒事や時代物へと駒を進めていくべきだと強く勧めている。加えて、人間的にも大きくなれと励ましている。好意にあふれた文章だと思う。

## 無心であることのむずかしさ

襲名の舞台を思い返してみると、勘九郎と踊った『団子売』。家の藝というべき『喜撰』『奴道成寺』『越後獅子』の踊りが規矩正しくよかったのは勿論である。技巧的な成熟と体力、気力の充実のバランスが取れていた。けれど、まだ若さと硬さが残り、名人の領域とはいいがたかった。

菊五郎劇団で修業したために『御所五郎蔵』の与五郎で「止め男」というドラマの文脈からは離れた役を難なく演じた。また、世話物のなかでも芝居のおもしろさとスペクタクルが両立した『め組の喧嘩』の辰五郎で芝居運びの巧さ、台詞の的確さを示していた。

なにより驚いたのは歌舞伎十八番の内『対面』の五郎である。荒事について三津五郎は、「荒事の禁物は、うまいです。うまい荒事は絶対にだめですね。むしろまずいほうがいい。ぼくはどちらかというと器用な人間なので、荒事をやらせていただくときは、なるべく技巧を封じるようにしています」

荒事や時代物について語るとき、三津五郎は気持ちを引き締めた。私の家のものではなく、他人の家の藝を語る。そんな怖れがあった。

のちの言葉はともかく、この襲名の『対面』は、技巧を封じようとする意図もまた、かい間見える舞台だった。無心であることのむずかしさについて考えさせられたのを覚えている。

## 日本一の舞踊家になる

先の『十代目坂東三津五郎』のなかで、勘九郎は「ずっと一緒に歩いてきた道」と題した談話を寄せている。勘九郎の八十助に対する評はめずらしいので、引いておく。

「最初に八十助さんを意識したのは、昭和三十八年七月の歌舞伎座で子役五人の『白浪五人男』を上演した時ですね。一番シャープだった。それまではあまり一緒になる機会がなかったんです。同年の小学校二年生でした。それでいつのまにか一番仲良くなった。

二人とも芝居が好きだったからでしょうね。僕も彼も頭に芝居しかなかった。またタイプが全然違う。僕は考えたらそのまま行ってしまう。あっちは慎重。即答は絶対にしない。真面目な人です。喧嘩もできるし、お互い腹に溜めておかないですむ相手ですよ。（中略）

僕が言うのも何だけれど、彼の踊りはうまくて正確です。だからうちの子（勘太郎）も教わりに行っている。『棒しばり』にしろ『茶壺』にしろ、彼と踊っていると安心します。彼も言っていたけれど、最近の『棒しばり』でやっと『わかった』の『わ』の字くらいいった感じです。二人のハーモニーが漂った。千秋楽の日に握手しました。平成二年歌舞伎座での八月納涼歌舞伎の一回目『団子売』がすんだ後、一杯の客席が嬉しくって、あの時にも握手しました。握手したのはその二回です。

彼の『流星』は世界一です。『茶壺』の熊鷹太郎なんて摘んでいる茶が見える。坂東流は彼が家元で栄えるでしょう。彼が三津五郎になって舞踊界をリードしていってもらいたい。日本舞踊が好きだしね。日本一の舞踊家になると思います」

いずれにしろ船は出た。歌舞伎の大海原が広がっている。あとはよい日和を待つばかりとなった。

# 十五、平成中村座という事件

**勘九郎四十五歳**

コクーン歌舞伎を重ねるうちに、古典の再解釈と新しい型の創造が積み上がっていった。ところが勘九郎の意欲は、コクーンにとどまらず、新たな仮設劇場を建築し、江戸の芝居小屋のスケール感と見やすさを両立させようとした。勘九郎は中村座座元としての意識を更に強めて、中村座の故事にならって、平成中村座の定式幕を右から黒、柿、白と定めた。

この幕は中村座の元祖、猿若勘三郎（初代中村勘三郎）が、幕府の御用船安宅丸《あたかまる》の櫓を漕ぐ音頭取りをしたのを褒められ、帆布《はんぷ》を拝領したところに由来するともいわれる。

三色の布を縦に貼り合わせた定式幕は、歌舞伎座が森田座の配色、萌葱・柿・黒を踏襲したこともあって、私たちの目にはもっともなじみがある。国立劇場は、市村座にならっている。中村座だけが忘れられていた。平成中村座の手狭な、けれども一体感のある劇場に入ったとき、天井から吊られた大提灯とこの定式幕が目に飛び込んでくる。それは間口の広い歌舞伎劇場に慣れてしまった私たちにとっては異界であり、またわくわくする気持ちをかき立てられる空間だった。客席は八百強である。

劇場を取り巻くように、勘九郎はじめ役者の名前が記された幟旗《のぼりばた》がはためいている。私は、「あ、いつかこんな光景を見たな」と、既視感に襲われた。急に思い出したのは、下町唐座なのだった。昭和六十三年の四月、早春の雪が残る季節に、同じ隅田公園のなかに建てられた仮設劇場で、唐十郎作・演出の『さすらいのジェニー』を観た記憶がまざまざと浮かんだ。下町唐座は建築家の安藤忠雄設計で、仮設の反り橋を渡って劇空間に入った。勘九郎も唐十郎の紅《あか》テントやこの下町唐座からヒントを得たに違いなかった。

多くの演劇人は、新しい劇場、なにもない空間に入ったとき、これからどんな劇を上演しようかと想像して興奮するという。平成十二年十一月、隅田川河畔にこの劇場が建ったとき、勘九郎がどれほど興奮し、喜んでいたことか。

その記念すべき第一回公演として選んだのが『隅田川続俤《すみだがわごにちのおもかげ》　法界坊』だった。

この公演に先立って勘九郎が法界坊の着付のまま浅草の町を徘徊して悪の魅力を振りまいた写真集が残っている。撮影は荒木経惟、アラーキーの傑作である。遊園地の花やしきでジェットコースターに乗ったり、雑草が茂る空き地で昼寝をしたり、法界坊は江戸と平成をまたいで、浅草の地に遊んでいる。ぼろぼろの法衣をまとって、髪の毛もしょぼしょぼ生えて髭もおかまいなし。勧進を町の人々に訴えて回る乞食同然の願人坊主、要は江戸のごろつきの物語である。女を騙したり、金をくすねたり。あくどいことばかりを考えているが、スケールの小さな小悪党で、なぜか憎めない。こんな法界坊の性根が、アラーキーの写真から浮かび上がってくる。すばらしい写真集だった。写真集に遊び、舞台に遊ぶ。勘九郎の真骨頂だった。

寛永元(一六二四)年に初代中村勘三郎が、中橋南地(現在の中央区日本橋三丁目付近)に、猿若座を開場したのが江戸の歌舞伎の始まりとされる。禰宜《ねぎ》町、堺町を経て、天保十二(一八四一)年に火事で焼失。翌十三年に老中水野越前守忠邦の命によって、浅草聖天町小出信濃守下屋敷跡に替え地を申し渡され、同年十月に開場。中村座の猿若町時代は明治まで続いた。

間口四十五尺、奥行三十尺。左右に桟敷席のある平成中村座は、間口が九十一尺ある歌舞伎座とは、対照的だ。この緊密な空間で、観客と一体になって歌舞伎に熱狂する。それが勘九郎の野望だったろう。

演出はコクーン歌舞伎と同様、串田和美である。

勘九郎の法界坊が、福助の手代要助、扇雀の永楽屋娘お組が語らう背後で、パントマイムよろしく巻物をすりかえる件りは、客席を爆笑のうずに巻き込んだ。

笑いは演劇にとってもっとも有効な武器である。「鑑賞」するための伝統藝能であることをいったん投げ捨てて、歌舞伎になじみのない観客を存分に楽しませようとする勘九郎の意図が詰め込まれた舞台だった。それには、コクーン歌舞伎で培ったテキストの読み直しが生きた。予備知識がない観客にも舞台を観るだけで筋が通り、しかも場面の転換を素早く運んで飽きさせない。そんな工夫が随所に見られた。

もっとも夢想だけでは、観客は納得しない。幕間は女性トイレが必ずと言っていいほど混雑する。その誘導もまた適切かつユーモラスでありたい。勘九郎のためなら、なんでもやる。裏方を務めた人々は、細部にわたる厳密な作業を、この座頭のためなら厭うたりはしなかった。平成中村座はそんな芝居者らしい芝居者の意気地が感じられる小屋となった。

後半は一転して勘九郎が法界坊の霊と野分姫の霊を踊り分ける。その踊りには目を見張った。歌舞伎舞踊の正統を観る思いだった。こうした踊りの技倆に対する自信が、前半の破天荒な笑いを下支えしていた。

## 演劇を社会的な事件に

時代まつりの行列に参加しそのまま初日の劇場へ向かった。アラーキーによるロケも町の人々の注目を集めた。この一連の出来事を含めて、現実と舞台の境界を乗り越える力があった。この公演は演劇界という狭いコップのなかの嵐ではない。社会的な事件として公演を位置づける、勘九郎のもくろみが明解に打ち出されていた。

翌平成十三年十一月も、浅草、隅田公園に、平成中村座は忽然と姿を現した。演目は一転して古典中の古典、義太夫狂言のなかでも三大名作のひとつといわれる『義経千本桜』である。知盛編では「渡海屋」「奥座敷」「大物浦」で、渡海屋銀平実は平知盛となる。さらに権太編では「椎《しい》の木」「小金吾討死」「すし屋」でいがみの権太を勤める。さらに忠信編では「道行」「川連法眼館」で忠信実は源九郎狐を見せる。この三編を見るために、横町に風が吹き抜ける浅草に通った。

元は同じ『義経千本桜』とはいえ、それぞれの筋は独立し、別々に上演されることが多い。知盛、権太、忠信それぞれに求められる柄《がら》や仁《にん》が異なり、すべてをひとりが演じるのは至難とされている。それをあろうことか一月のうちに演じ分けようというのだった。

権太、忠信についてはすでに演じており定評があった。権太の悪党ぶりからまっとうな心だったと見せる「もどり」の見事さ。また、静御前に付き従う立派な武将と見えたところが、実は親狐の皮で出来た鼓を慕う源九郎狐の哀しさ。いずれも勘九郎はよかった。けれど船宿の勇壮な主と見えたところが、実は落ち延びた平家の武将知盛だったとわかり、血まみれになり、碇とともに海の底へ身を沈めていく。勘九郎の身体の柄、性格的な仁を思うとこの三役のなかでは、銀平実は知盛が、もっとも遠いと思われた。しかし、このときは、知盛編の舞台がもっともすぐれていた。唐突な言い方だが、知盛の死が殉教者のように見えた。

勘九郎は、敏腕プロデューサーであるだけではもちろんない。敬虔な芸術至上主義者の面が同居している。

碇を背負い、憤死していく知盛が、単純な英雄ではなかった。私はそこに殉教者の孤独を見た。勘九郎が、神への祈りとして舞台をとらえる一瞬を、この「大物浦」ではじめてみたように思う。のちにこの祈りを大切にする姿勢は、『京鹿子娘道成寺』の〽祈り北山」の件りへと結実していく。

知盛編は、歌人の俵万智と観た。勘九郎の楽屋へ案内すると、喜んで歓待してくれた。そんなときも人の気をそらさないのが勘九郎だと思うが、俵が、

「碇がキリストの十字架に見えました」

といったのには、勘九郎も私も絶句した。

あきれたのではない。歌舞伎の常識からは離れたところで一流の歌人は、役者の意図をずばりと見抜くものだと感心した。私が劇評で神への祈りと書いたのは、この一言に影響されている。

勘太郎（現・六代目勘九郎）は「すし屋」のお里を可憐に勤めた。「椎の木」「小金吾討死」では七之助が小金吾を凜々しく演じた。この権太編はのちに野田秀樹と勘九郎が組んだ舞台で衣裳を務めるひびのこづえと観に行った。シャイなひびのは楽屋に行くのをいやがったので、頬を切るような風を避けて食事にいった。「せっかくだから俵さんを呼び出そう。権太編が見られないと残念がっていたからね」と電話したら、「押っ取り刀で駆けつけます」との返事だった。平成中村座は、まるでお祭りに行くような沸き立つ気分をみんなにくれた。三人であったかな鍋を囲んだのも、懐かしい思い出となった。

平成十四年の十一月には、浅草を離れて、大阪・扇町公園へと旅立った。この仮設劇場は浅草に居を定めたのではなく、どこへでも歌舞伎専用劇場を用意できる魔法の絨毯だった。そうでなければ仮設劇場とするメリットがない。大阪で着地点と定めたのは、小劇場のメッカとして知られた扇町ミュージアムスクエアのあった扇町公園である。倉庫を改造した小劇場「フォーラム」、雑貨店、カフェレストラン、ギャラリーが入った複合施設ミュージアムスクエアには、大阪の若い世代が結集し、文化を発信する基地として長く機能していた。

下町唐座といい扇町スクエアといい小劇場演劇に連なる場を選んでいるのは偶然ではない。江戸歌舞伎から平成まで、演劇的な記憶が集積する場の力を信じているからだろう。場には、これまでの演劇体験と、舞台の高揚の記憶が凝縮されている。そんなすべての思いを総動員して、歌舞伎を再生しようと勘九郎はもくろんでいた。

大阪公演では、かつて串田和美が主宰していた自由劇場出身の笹野高史が出演している。『法界坊』では山崎屋勘十郎を、『夏祭』では三河屋義平次を勤めた。島田正吾などわずかな例外はあるものの、歌舞伎は歌舞伎俳優にしか演じることはできない。こんな不文律は笹野高史によってたやすく破られてしまった。笹野高史が歌舞伎の舞台にはじめて登場したのは、平成十年九月のコクーン歌舞伎『盟三五大切』である。このときはさほど重い役とは言えなかったが、『夏祭』の義平次は、勘九郎が演じる団七と「長町裏の場」で、様式的な殺し場を演じる大切な役である。泥と本水のなかの、のたうちまわるような立ち廻りは、お弟子筋の役者では、団七の勘九郎に遠慮が生まれるともいわれていた。そこへ大胆にも笹野高史が起用されたのだった。淡路屋という屋号を名乗り、紋付きで筋書きに並ぶと、笹野がもとからの役者のように思えてきた。歌舞伎のすべての演目を現代演劇の出身者が演じるのはむずかしいだろう。けれど勘九郎が演じる『夏祭』の相手役義平次の憎々しさは、もはや笹野なくしては考えられない。ところがこの笹野の起用が、ある劇評家と勘九郎の間に深刻な対立をもたらすことになる。この騒動についてはのちに書く。

## 喝采の後で一人で入る風呂

さらに翌平成十五年十月、浅草に平成中村座が帰って来た。今回は隅田川河畔の隅田公園を離れて、浅草のどまんなか浅草寺の裏手境内の内に場を移した。地域の振興にも功績があったからこそ、浅草寺も場所を提供したのだろう。浅草寺は昔も今も日本有数の観光地だけれど、当時夜は寂しく、商店も早く店を閉めていた。この平成中村座の公演を受けて、営業時間を延ばす店も次第に増えてきたと聞く。

「テントって、ここだけの話だけど、実は案外不自由なんです。雨が降れば雨の音がする、いい場面で突然、救急車のサイレンが聞こえてきたり。でも、逆にそれが芝居の原点というような気がしてね。わずか1枚の幕で『日常』と『非日常』の世界が背中合わせ。どこかはかないっていうか、何もないところに突然現れて、終わるとなくなっちゃう。僕たちが汗水流して芝居やっていた場所で、次は犬が遊び回ってたりするんだよね。花火ってボーンッと勢いよく上がるけど、実は寂しいじゃないですか。芝居も楽しければ楽しいほど、せつないものなんだよね。この前、志村（けん）さんと話したけど、喝采の後で一人で入る風呂ぐらい寂しいものはないよって。分かります？　なんとなく。役者はやっぱり孤独。誰も助けてくれない。舞台に上がっている時は、もちろん、お客さんが助けてくれる、芝居の神様が助けてくれるけど。そういう一瞬の時に、自分の命を燃やせるっていうものが、この中村座にはあるんだよね」（『十八代　勘三郎』小学館　二〇一三年）

いつもご陽気に振る舞う勘九郎にしては、めずらしく役者の孤独について話している。

この公演は串田和美演出による通し狂言『加賀見山再岩藤《かがみやまごにちのいわふじ》　骨寄《こつよ》せの岩藤』と、「みどり」として『弁天娘女男白浪』の「浜松屋」「稲瀬川勢揃い」、『本朝廿四考《ほんちょうにじゅうしこう》』の「奥庭《おくにわ》狐火《きつねび》」、『人情噺文七元結』が出た。私見ではあるけれど平成中村座には『法界坊』や『骨寄せの岩藤』のような古怪な狂言がよく似合う。逆に明治に再創造された『鏡獅子』のような高尚な踊りは向かない。勘九郎はこれまで歌舞伎は縁遠いと思っていた観客を引き付け、歌舞伎座での観劇へと導いていく役割を平成中村座に期待していた。単に歌舞伎の本流に反抗するのではなく、歌舞伎の間口を広げるために平成中村座があった。

そのとき勘九郎とともに牽引役となるのは勘太郎（現・六代目勘九郎）と七之助だった。十年一昔というが、今や押しも押されぬ若手花形となったふたりは、この平成中村座で次々と大役を与えられ、勘九郎の膝元ですくすくと育った。人気実力を兼ね備えた父を持ち、息子であるがゆえに大役を与えられるのはもとより幸福だが、その役に値するのか、毎月毎月、結果をださなければならぬ重圧もあるだろう。歌舞伎がファミリービジネスの側面を持つとすれば、平成中村座は、勘九郎の挑戦の場であると同時に、勘太郎、七之助の学校でもあった。

# 十六、時代物の嚙みごたえとその深さ

## 三津五郎四十五歳

歌舞伎の大名跡を襲名するのは、骨の折れる仕事だと思う。十代目三津五郎の場合、先にも書いたように、平成十三年一月、二月に歌舞伎座で幕を開けた襲名披露興行は、これで終わるわけではない。四月は大阪松竹座、十月は名古屋御園座、十二月は京都南座、平成十四年二月は博多座、七月から九月にかけて巡業を行って、ようやく一年九ヶ月をかけた襲名が終わる。

襲名は家の藝の継承がまず一番にある。十代目の襲名も例外ではない。『六歌仙容彩』の「喜撰」を歌舞伎座での襲名一ヶ月目の冒頭に据えた、翌月は『奴道成寺』と『越後獅子』を出した。大阪松竹座では、至難といわれる『六歌仙容彩』の五役、遍照・文屋・業平・喜撰・黒主をひとりで踊り抜いている。『義経千本桜』の「吉野山」の忠信を繰り返し出しているのは、やはり踊りの家という自負からだろう。

それに対して年表を見返してみると、坂東三津五郎大和屋の家の藝ばかりではない。三津五郎家とは遠い出し物を、それも初役で多く選んでいることに気がつく。先に書いた永山会長が進めた荒事の『鳴神』ばかりではない。松竹座では『菅原伝授手習鑑』の「寺子屋」で松王丸、御園座で『熊谷陣屋』の熊谷次郎直実、南座では『関の扉』の関守関兵衛実は大伴黒主、『助六桜の二重帯』の助六と大役に手を染めている。

## 柄の異なる立役への挑戦

歌舞伎では身体的な条件のことを柄という。三津五郎は身長が高くはなく、胸板が厚い英雄タイプではない。熊谷や松王丸の役者とは思われていなかった。それでもこのような時代物の大役、初代白鸚や二代目松緑が演じてきた立役を、次第に自家薬籠中のものとしていったのだった。

襲名の口上ではいつも、諧謔で笑わせることを観客が期待する四代目市川左團次が、若い八十助を囃し立てたんですと断って、「金もいらなきゃ名誉もいらぬ、わたしゃも少し背がほしい」と笑わせた。さすがにこのジョークには客席の半分が凍っていた。コンプレックスという言葉が適切かどうか分からないが、背がもう少しあればと三津五郎が思っていたのは事実だろうと思う。

たとえば、三津五郎家の長老にあたる二代目中村又五郎は、こんな率直な話を残している。

「七十年以上も役者をしていますからね、いろいろありますよ。『芸の話』ってことでは、だいたいお話ししたと思いますけど、まだまだ云い足りないところもあります……。その中で、自分のことで一つつけ加えたいことがあるんです。僕は小柄でしょ。身長も低いし、体も小さい。これがコンプレックスでした。ずいぶん悩んだ時がありました、三十四、五歳の若い頃ですけど。もう少し背が高ければ立役が出来るんじゃないかな、とかね。舞台に立った時、少しでも背を高く見せようとして、履物をぐんと高くこさえたりしましてね。まあ、こんなことは役者なら、誰でもやっていることですよ。その高い下駄《げた》で、こむら返りしちゃったりして」（『聞き書き　中村又五郎歌舞伎ばなし』）

八十歳にしてこの回想である。襲名で時代物の大役を演じる三津五郎の心中はいかばかりであったろう。

襲名以前からも、三津五郎には時代物への意欲はすでに認められる。

平成五年八月歌舞伎座『ひらかな盛衰記　逆櫓』の樋口次郎兼光。平成八年七月中座『絵本太功記』武智十兵衛光秀。平成十年八月『伽羅先代萩《めいぼくせんだいはぎ》』の仁木弾正。いずれも大役である。

『坂東三津五郎　歌舞伎の愉しみ』のなかで、三津五郎の力がもっとも入ったのは、第一章の世話物でもなければ、第二章の踊りでもない。「時代物の嚙みごたえとその深さ」と題した第三章だった。

三津五郎に取材したのは、襲名からすでに六年以上経っており、聞く私の方でも時代物役者としてすぐれた舞台を観てきたから遠慮はない。

「時代物の役者になると思っていましたか？」

私のぶしつけな質問に、

「自分では柄がそんなに大きいわけじゃないし、器用・不器用で言えば器用な人間だから、将来、二枚目の役者になるのかなと思っていました。樋口は化粧も白塗りですから、まだできるのではないかと思いましたが、まさか自分が熊谷までやるとは思っていませんでした。それが、かりにも、樋口次郎兼光がやれたり、熊谷次郎直実がやれたりする役者になったわけです。

樋口も熊谷も英雄です。その苦しみ、悲しみ、その大きさを体現できるのは役者として、とてもおもしろい。義太夫狂言とか『勧進帳』の弁慶とかをやらせていただくうちに、ぼくの柄ではなくて、本質にある部分が見えてきたんです。実は、ぼくはあんまり恋愛物は好きではないんですよ。恋愛物には、燃えないんですね（笑）。ところが、熊谷とか樋口のように、男同士がこうぐっと腹に感情を抑え込んで、対峙する芝居が好きなんだと、演じているうちにわかるようになりました」

取材は平成十九年の五月だから、三津五郎はすでに五十一歳。多くの役柄を経験して、自分を見極めた自信にあふれていた。

## 伝承の正しいかたち

『逆櫓』の樋口を教えたのは、二代目又五郎である。

「八十助は菊五郎劇団に属していまして、ここでは、あまり『逆櫓』は、やらないんですよ。『逆櫓』は、どちらかというと吉右衛門劇団のものだったですね。いや、自分のこと云うわけじゃないけど、梅幸も、『私は女形だから、吉右衛門の芝居は判らない。又ちゃんに訊いといで』と菊五郎に云うそうですし、歌右衛門も、『吉右衛門の芝居は又ちゃんとこへ行って習っておいで』と梅玉などを私のとこへ寄こすんです。今、吉右衛門の芝居を知っている者で生きてるのは私だけってことかもしれませんから、あまり自慢にもならないでしょうが。つまり、歌舞伎の芸とは、こうやって伝えていくものだ、ということを云いたかったのです。八十助の話に戻りますが、『おじさん、ホンコ（本気）で教えてくれよ』って、彼も張り切ったし、僕も近頃になく腹から大声を出しましてね、真剣にやりました。八十助を何日も私の家まで通わせましてね。彼も文句もいわずに通って来ました。こうやって教えますとね、どうやるか気になります。で、初日とラクは見に行くんですね。足りないところもありましたけど、まあまあやってましたよ。で、云ったんです。『次にやる時は自分の考えも入れろよ』って。教えたら、あとは自由ですから。自分の芸歴に合わせりゃいい。しかし役者のエチケットとして、一回目は教わった通りやるものです。あとは教わった通り必ずやれとは云わない。役者それぞれの仁《にん》とか肉体的条件もあるし、私とは違いますからね。私に出来ても彼らに出来ないものもある。また、その逆もありますし。いずれにしろ、それが大変評判がよかったそうで、自分が褒められたように嬉しかったですね。教え甲斐があったというものです」（前掲書）

ここには伝承の正しい形が残っている。教える人間が誇りを持ち、教わる人間に尊敬がある。かといって、ひとたび伝えたならば、それを二度目以降は墨守せよとはいわない。自分の自由だという。

三津五郎がその生涯で演じた時代物のなかでも、『伽羅先代萩』の仁木弾正が強く思い出に残っている。足利家の当主頼兼を遊興に耽らせ、若君鶴千代の命を狙い、お家の転覆を狙う大悪人。歌舞伎の役柄では「国崩し」といい、立役のなかでももっとも立派で、肚のある座頭級の役者が勤めることになっている。

平成十年の八月。歌舞伎座。仁木の出番には「床下」「対決」「刃傷」がある。「床下」は仁木とともに、お家の横領をたくらむ栄御前が、乳人政岡を一味と誤って、連判の巻物を渡して仕舞《しま》ったために、妖術をつかって取り戻そうとする短い場である。短いがむずかしい。

「対決」「刃傷」では、台詞もあり、立ち廻りもある。肚もある。けれど、「床下」だけは花道のスッポンから、連判状の巻物を銜えてせり上がり、本舞台にいる荒獅子男之助に手裏剣を打ち、大きく見得をして、差し出しの灯りで花道を引っ込む。それだけの役である。八十助の弾正がせり上がると妖気が漂った。

「自分でも、まさか、歌舞伎座で仁木を演じる役者になるとは、本当に思っていませんでしたからね。十年前はやっていて、もう、いたたまれなかったですね。『こんな小さな人間が仁木をやっているのでは、お客さんはさぞ不満だろうな』と、思ってしまう部分が残っていました。『おれを見ろ』という図々しさが、まだ自分になかったのです」

当時の心境を包み隠さずいえる。それほど自信がついてきたのだろう。

「もっとも役者は図々しいものですね。それから九年経って、平成十九年の八月に『裏表先代萩』が出ました。『伽羅先代萩』を河竹黙阿弥が書き替えた狂言です。『対決』を世話で演じる趣向のある芝居ですが、『床下』は、『伽羅先代萩』と変わりません。この芝居で、十八代目勘三郎《なかむらや》が初役で仁木弾正をやるのを見ていたら、『今なら、ぼくでもあのくらい堂々と花道を歩けるわ』と、思いました（笑）」

ライバル心というよりも、時代物についていえば、勘三郎より先に行っている、より経験して、その難しさを知っている。そんな自負が言葉の端々から感じられた。こんなときいつものいたずらっぽい目は影を潜めて、まっすぐな顔になる。この生真面目さが三津五郎の魅力だった。

「どの役にしても、あれこれやって大きく見せようとすると、かえってどんどん小さくなっていくものなのです。何もしなくても、大きく見えなければいけない。

ずっと悩んでいたのですが、あるとき、そうじゃないんだ、背伸びして大きく見せるのではなくて、意識を内へ内へ向けなければいけないんだと気がつきました。その意識がこう内側で反射して、結果的にお客さまからすると、大きな存在に見えるようになる。だから方向は、中へ向けなければいけないと気がついたときに、目が覚めたように思いました。その役を掘り下げるだけではだめで、それまでの舞台経験の積み重ねが、物を言ってくるのが時代物のおもしろさです」

私は三津五郎の言葉が常に明晰なこともあって、理知的な役者だとずっと思い込んできた。それは義太夫の詞章をよく理解し、太夫の言葉を舞台上でよく聞き、きわめて知的に人物像を造形していくからだと考えていた。けれど、この藝談をきいたとき、それればかりではないのだと気がついた。身体が充実していなければ、単に頭でつくった役になってしまう。知性と身体感覚が調和を取ったとき、三津五郎の芝居が生まれた。

私は今、三津五郎は時代物の役者ですと言葉にしてはばかるところがない。

# 十七、野田版　研辰の討たれ

**勘九郎四十六歳**
**三津五郎四十五歳**

長い間、劇評家として劇場の椅子に座ってきた。数えたことはないが、おそらく一万を超えた舞台に接してきた。正直にいえば、「これは素晴らしい」と思える舞台は、年に五本あればいいと思ってきたし、その考えは今も変わっていない。生涯忘れられないほどの感動を得た芝居は、おそらく三十本を超えないだろう。

そのなかでも、平成十三年の八月、歌舞伎座。納涼歌舞伎で上演された『野田版　研辰の討たれ』は、深く記憶に刻まれている。

歌舞伎座でカーテンコールを見る日がくるとは思ってもいなかったのである。

多くの八月納涼歌舞伎は、三部制を取ってきた。十二日の初日、私は万難を排して歌舞伎座の一階客席にいた。第三部は午後六時から。粋な舞踊の『勢獅子』と『野田版　研辰の討たれ』（野田秀樹脚本・演出）を上演する予定だったが、第二部の終演が押したために五分遅れで開演した。

## 鳴り止まない拍手

勘九郎演じる守山辰次が敵を狙う兄弟の凶刃に倒れ、ふたりは走り去る。この兄弟は敵討を果たさなければ、武士の社会で生き抜くことが出来ない。舞台中央には、斬り殺された守山辰次が横たわっている。そこにひとひらの紅葉がふりかかる。もはや人は誰もいない。錦秋の紅葉の下。死体がぽつねんと取り残されている。胡弓が演奏する「カヴァレリア・ルスティカーナ」が、泣くような音色で劇場を満たした。

午後九時十分には定式幕が引かれ、客席に明かりが入った。私はしばらく動けなかった。万雷の拍手が歌舞伎座に轟くのを聞いていた。拍手は鳴り止まない。観客は総立ちとなった。数分の間があったろうか。幕が開いた。勘九郎の佇まいもぎこちない。どこか戸惑っているようだった。ふたたび幕が閉じても、観客は劇場を立ち去る気配さえみせない。二度目のカーテンコールには、客席後方から野田秀樹が呼び上げられ、歓声をあびた。

『野田版　研辰の討たれ』は、冒頭から斬新であった。歌舞伎座の間口十五間の舞台いっぱいにスクリーンが張られている。降り積もる雪を示す大太鼓が響く。やがて武士たちが斬り合うシルエットがくっきりと流れるように映し出される。これは赤穂浪士討ち入りの場面であると観客は即座に了解する。スクリーンが上がると、そこは城内の道場である。この道場で、研ぎ屋あがりの武士守山辰次（勘九郎）が、頑固一徹な家老平井市郎右衛門（三津五郎）に稽古をつけてもらう場面は、勘九郎と三津五郎の個性が浮かび上がり、客席は沸きに沸いた。歌舞伎の新作で、ふたりが真剣に渡りあう場面が今も記憶に新しい。

江戸で赤穂浪士の討ち入りを目撃して興奮する武士たちを愚かしく思ったのか、守山辰次は浅野内匠頭をののしり「四十七人もいれば、中には今頃悔やんでいる奴もおりますよ」といわせている。辰次は道場に入ってきた家老にも、武士の死に様について理屈をいうのに対して、三津五郎の平井は「いや、死なぬ。武士は脳卒中などでは死なぬ」と切り返す。

迷彩柄の着物と袴を着け、竹刀をまるで野球のバットのように扱う辰次の勘九郎が、露骨なまでに中村福助の奥方に追従を言う。このハイテンションな芝居は、瞬間を生きる天才にふさわしい演技だった。

それに対して、老け作りをした平井の三津五郎は、あくまで重厚。舞踊で鍛えた足腰の安定感と抑えた台詞回しが対照的で、平井は武道の達人だと納得させた。

場面の終わり。三津五郎は下手に去るとき、まるで汚らわしいものと立ち会ったかのように、竹刀を振るう。その一振りの鋭さが今でも忘れられない。この鋭さがあって、笑いに包まれていた冒頭の場で、守山辰次が平井市郎右衛門に与えた屈辱が伝わってきた。この脚本では、次の「大手馬場先殺しの場」で、なぜ辰次が平井に復讐を企てるのか説得力に乏しい。その劇作上の欠陥を埋めるように、三津五郎はこの鋭い一振りで、相手役の辰次に動機を与えてしまった。三津五郎が無言で勘九郎の芝居に説得力を与えているのがよくわかった。

## 生へのすさまじいエネルギー

物語る身体は、こればかりではない。次の場で辰次は手の込んだからくりを仕込む。平井が傾いた板を踏めば、からくりが動き出す仕掛になっている。踏みそうで踏まない。三津五郎の家老は、辰次ばかりではなく、観客をじらす。前の場の重厚さとは打って変わって三津五郎は、片足立ちになってこの踏み板の前後を動き、また片足でもう片足を掻いたりする技巧を見せ、観客を翻弄する。さらには上手から下手へ向かって軽快なスキップさえみせる。三津五郎はのちにこの役を「スキップじじい」と呼んだ。重厚な頑固じじいに

もかかわらず、軽快な足腰の家老である。アンバランスな造形がおもしろくてならなかった

もとよりこの『野田版　研辰の討たれ』は、勘九郎、三津五郎に対する当て書きである。ふたりが演ずる前提で、脚本は書かれた。役を比較するだけでも、当代一流の劇作家が、このふたりの歌舞伎役者をどう観ていたかがよくわかる。

後半、敵討ちを果たそうとする九市郎（染五郎）、才次郎（勘太郎）のふたりに、坊主になるから命を助けてくれと必死に願う。犬の真似をしてまでも命乞いをする。辰次にはすさまじいまでの生への執着がある。辰次は、勝負しろとせまるふたりに、勝負がいやだという私を殺すのは、敵討ではなく人殺しだと訴える。ついには、自分を斬るはずのふたりの刀を必死に研ぐことまでする。

野田は勘九郎のなかに生へのすさまじいまでのエネルギーを見いだしていたのではなかったか。

『野田版　研辰の討たれ』は、民衆の無意識とその願望が、主人公たちの運命を決めていく視点に貫かれている。こうした無責任な世論のありようと、その変わり身の早さを、すでに野田は幾度となく描いている。けれど現代演劇とは異なり、十人どころか三十人にも

及ぶお弟子さんたちが登場する歌舞伎では、また別の意味を持った。三津五郎はこの舞台を振り返って語る。

「『野田版　研辰の討たれ』も『野田版　鼠小僧』(平成十五年八月歌舞伎座)も、群衆劇の構造を持っています。主役たちは大衆の無意識の欲望に突き動かされていきます。ふだんは並び腰元や並び大名で表情を殺して、動かないことを求められている名題下の役者さんたちも、実はとても芝居ができるんです」

名題下の役者たちが持つエネルギーに驚いた。幅広い世代の役者が、一色ではなく、さまざまな感情表現をぶつけ、それがひとつの大きな意志となって舞台と主人公辰次らの行く末を突き動かしていた。野田は勘九郎という理想の主役、三津五郎というきわめて安定した相手役、そして彼らを生かす群衆を、歌舞伎の世界で手に入れたのだった。

## 同類の動物の匂い

平成二十七年の三月二十三日、前年末に河出書房新社から『野田秀樹の演劇』を上梓した記念に、代官山にある蔦屋書店で野田秀樹とトークイベントを行った。長いあいだ野田の劇評を書いてきたが、公の席で話すのははじめてだった。めずらしい顔合わせとあって、幸い満員の観客だった。

対話の終わりに私は、勘三郎と三津五郎の話題を持ち出した。

「野田さんは亡くなった勘三郎さんと歌舞伎を三本（『研辰の討たれ』『鼠小僧』『愛陀姫』）つくっていますね。自分のカンパニーであるNODA MAPで『藝術』ではなく『藝能』を意識して作品をつくるのと、藝能の民が集結した歌舞伎をやるのとではニュアンスが違いましたか」

「違いました。でも、やはり（歌舞伎役者と僕には）同じ匂いがあるんでしょうね。そこが非常にうまくいったところじゃないですかね。僕はくだらないことが大好き。勘三郎なんかもくだらないことが大好き。無理してくだらないことを、やったわけでもないんです。歌舞伎というと偉そうになってしまった舞台もありますね。そのなかであいつがぴゅーんとはじけていく、それが大好きなわけですよ。どっぴゅーんを排除するのではなく、どこまでも大丈夫かなと思いながら続けていく。それが我々のなかでは大事なんですよね。我々っていうのは、その『藝能』……」

野田は少しいいよどんだ。

「藝能者？」

「そう、『藝能者』にとっては。間口の広さも大事だし、同類同士の動物としての匂いがあった。だから、また歌舞伎の世界をやってみたいと思っていますけれども、自分に近い動物が死んでしまったわけですから、それは非常に、生き物としてつらいですよね」

答えを聞きながら、野田や大竹しのぶらが、病院で管に繋がれた状態になって、意識を失った勘三郎に寄り添い、最後の歳月に尽くしていたことを思い出していた。

私は思い切って話を継いだ。

「勘三郎が松尾スズキ作・演出の『ニンゲン御破産』を主演した翌年の六月に歌舞伎座で『寺子屋』の武部源蔵を勤めたときに、なにかの用事で楽屋に行きました。ひょんなことから死に方の話になって、『私は劇評家だから劇場ですーっと眠るように死ぬのが理想だな』といったんです」

「へえ、それで?」

「どうせなら歌舞伎座がいいな。松尾さんの芝居の客席じゃ死んでも死にきれないといったら、『そうだよね、やっぱり「寺子屋」のいろは送りだよね』って。勘三郎はとっても自由なひとだったけど、古典主義者だったような気がします」

『菅原伝授手習鑑』の「寺子屋」では、若君の身替わりになった小太郎の野辺の送りのために、竹本が「いろはにほへと」を織り込んだ詞章を語るしんみりとした件りがある。野田は続けて、勘三郎を惜しんだ。

「古典をすごく大事にした人ですよね。これから歌舞伎の世界は大変じゃないですか。若い人たちがすごくまじめにやっているけど。でも、一番、がんばらなきゃいけない勘三郎さんとか三津五郎さんが運悪く、どう言っていいかわからないけれど、死んでしまったことは痛恨の極みですよね。勘三郎は汗っかきだから、朝から晩まで楽屋で冷房をがんがん効かせていたし、体に悪いよなこれって思ってました。それで夜は酒飲みにいって、時間ができれば朝からゴルフをして。一ヶ月二十五日本番をやったら休む暇もなく、三日四日稽古して、また来月。あの繰り返しをやっていたらつぶれていくよなと思う。勘三郎さんが亡くなってからは、三津五郎に負担がかかってきたから大変だなと思っていたら、三津五郎まで病気にかかった。

三津五郎が勘三郎の葬式のときに『肉体の藝術ってつらいね』と言った一言が俺の中ではもの凄く（響いて）いて。死んでしまったら役者は本当に終わってしまう。勘三郎がすばらしい、三津五郎がすごいっていっても、残された映像を見てもぜんぜん生で観るのとは違う。勘三郎が出てきてお客いじりをしてもビデオで観たってたいしておもしろくはないと思う。ライブならではのものだから。そういうことを含めての肉体の藝術を彼らは知っていただけに、なんとも言いようがなく、つらい」

自分の世界を体現してくれる役者を、同時期にふたり失った野田の苦渋が伝わってきた。

「勘三郎と三本つくったと言ったけれど、三津五郎も三本とも出ています。『野田版　鼠小僧』は、勘三郎の鼠小僧が主役に見えるけど、実はちっちゃな悪人です。もっとひどい悪人に大岡越前守がいて、この役を三津五郎がやった。人前ではよい顔をして、残酷に鼠小僧を裁く大団円なんですが、そのときの三津五郎なんていうのは、僕は大好きでしたね。ああいうものを今、じゃあ誰とやるかって言った時に、あのふたり、あの肉体を超える肉体を探すのは、非常に難しいような気がする。肉体の藝術はつらいけれども、だからこそ、凄いんですよね。素晴らしいんですよね。だから素晴らしかったんだよなと二人には言いたい。

本当に痛恨の極みですね。歌舞伎をどまんなかで支えなきゃいけなかった年齢で亡くなったのは」

内心の辛さを包み隠すように、哀悼の気持ちを語っていた。

# 十八、平成中村座ＮＹへ

## 勘九郎四十九歳

平成中村座がニューヨークへ行く。

リンカーンセンター・フェスティバルに招待されてのことだが、あえて仮設劇場をリンカーンセンターに隣接した公園に建設すると聞いてどぎもを抜かれた。センターには、メトロポリタン歌劇場や州立劇場（現在はＤ・Ｈ・コッホ劇場）のように、設備の整った劇場がいくつもある。こうした劇場をあえて使わず、あえて資材を東京から送り、現地で組み立て、平成中村座を出現させるのだという。

壮大な企画を夢見るだけではなく現実にしてしまう。平成十六年の七月。勘九郎の実行力に驚かされ、ニュースを聞いて即座に私は渡米を決めた。

このときは、朝日新聞、読売新聞、時事通信らの記者たちと語らって行った。出張にならない記者も個人的な休暇をとって駆けつけた。みんなで行こうとすぐに話が決まった。出張でなくてもいい。この公演は見逃せない。そんな空気が演劇記者のあいだで高まっていた。

　現地に入って冷静になってみると、勘九郎のもくろみは、決して夢想ではないとわかった。欧米の既成の劇場は、極端に傾斜したすり鉢状の客席を持つ場合が多い。先にあげたメトロポリタン歌劇場も州立劇場も同様だった。歌舞伎の完全な上演に、花道が不可欠だとすれば、こうした傾斜のきつい劇場に仮設花道を設けるのは無理がある。理想の舞台空間を得るためには、仮設劇場を建ててしまう方が早道なのであった。早道ではあるが、それには多額の費用がかかる。おそらくはリンカーンセンターが支出する製作費だけでは到底足りず、独自にスポンサーを見つけることも必要だったろう。

　このように誰もやったことがないことを実行してしまうのが勘九郎だった。もちろん松竹はじめ勘九郎を支えるスタッフあってのことだが、リーダーに信念がなければ周囲はついてこない。コスト意識だけで制作された舞台は、商売の道具でしかない。理想を掲げ、周囲で働く人間にエネルギーを注ぎ込み、幅広い人脈を駆使するのが勘九郎のやり方なのであった。

## 身体が震えるほどの興奮

串田和美演出によるニューヨーク版『夏祭浪花鑑』には、幕切れに新演出があった。義父義平次を長町裏で惨殺した団七は、舞台奥へと走り去っていく。劇場奥の布が跳ね上げられるとニューヨークの空気が流れ込んでくる。実に爽快だった。さらにニューヨーク市警のパトカーがサイレンを鳴らして到着する。現実と虚構が入り交じったスリリングな瞬間だった。駆け戻ってきた団七は、拳銃を構えた警官に囲まれて「フリーズ」と静止される。勘九郎がかつて観た唐十郎が得意とした演出手法で、歌舞伎はこのときアングラ演劇にもっとも接近した。伝統の墨守を正しいこととしてきた歌舞伎を、ひとりの役者が大きく揺さぶった。私は身体が震えるほどの興奮を味わっていた。

次の日の午後、串田からメトロポリタン歌劇場にほど近いカフェで話を聞いた。ニューヨークの初夏は涼しく、日中も過ごしやすい。冷たい飲み物を頼むと、串田は「幕が開くと演出家はやることがないんだよね」といつもの調子でぼやきながら、インタビューに答えてくれた。

「歌舞伎でタブーとされている事柄について、何を破ってよくて、何を破ってはいけないのかを判断するのが難しいですね。このごろは、勘九郎さんのほうが過激で、僕のほうが保守的になっている。今の歌舞伎の様式の多くが、明治以降に作られたものだとすれば、何が歌舞伎の本質なのかを問いつめる作業が必要になってきます。勘九郎さんは、六代目尾上菊五郎は、もっとテンポが速かったはずだ、もっとリアルだったろうと考えて、その時代に六代目がやろうとした精神を受け継ごうとしているように思います」(「特集 ニューヨークの平成中村座」『演劇界』平成十六年十月号)

明治以降に整理された「型」を墨守するのではない。「型」は幅のひろい言葉で、小道具の扱いをふくめた演出全般を示すこともあれば、狭い意味では演技のやり方を示す場合もある。串田の言葉に従えば、勘九郎が受け継ごうとしているのは「型」ではなく「型」を創り出そうとする六代目の精神なのだった。

「稽古場での僕の役割は、演技のひとつひとつに対して、『なんで?』と疑問を出すところにあります。知らないことが財産だと冗談で言っているんですが、勘九郎さんはじめ、みんなが、僕の疑問を『型だから』で片付けないで、一緒に考えてくれる。偉い演出家の頭のなかにすべてがあるのではなく、あたふたしながら、現代につながる根拠を探しているのが、平成中村座のよいところなのでしょう」(同前)

串田の話から平成中村座の稽古場には、いかに創造性があふれているかよくわかった。役者のなかにたくわえられた想像力を出し合うことによって新しい演劇が生まれる。古典歌舞伎として「正しい演劇」に向かうのではなく、「現在につながる演劇」を創造している。だからこそ私たちは平成中村座に惹かれるのだった。

結局、七月十七日から二十五日まで、十三ステージの公演のうち、四ステージを観た。フェスティバルに他の公演もあったし、近隣にはブロードウェイの劇場街が控えている。もう少し、他の作品も観ればよさそうだが、何かに取り憑かれたように平成中村座に通った。

二度目に観たときだったか、終演後、観劇の余韻に浸って劇場入口あたりでぼんやりしていると松竹の制作が、「勘九郎さんに会っていきませんか」と声をかけてくれた。旅先の気楽さもある。いやというわけがない。楽屋を訪ねると、勘九郎はいつもの倍くらい元気で早口でまくしたてた。

「あのね、さっきは（『ライオンキング』の）ジュリー・テイモアさんが来てね。素晴らしいといってくれましたよ。あと、あなた、アクターズ・スタジオ・インタビューのジェームス・リプトンさんも来てくれてね。感激してくれたのか、何かあげるものないかっていって、持っていた鞄を空にしてくれたんですよ」

観客席の熱狂はもとより、演劇関係者の評価を得た喜びにあふれて、言葉をおさえきれないようだった。

## 劇評がNYタイムズ一面に

初日から三日後、ニューヨーク・タイムズの一面に劇評が掲載された。歌舞伎座の大沼信之支配人が公演に同行していて、すぐに翻訳を手渡してくれた。大沼は東大の学生時代、勘九郎の家庭教師だった時期もあると聞いた。劇評の筆者は同紙の演劇欄を代表する評論家のベン・ブラントレーである。

劇評は次のように始まっている。

「揺れる火のなかで、殺人が行われる。すべてのシーンが、意識の思考を超えた、かすかな影の世界で起こっているようだ。闘争は大仰に様式化され、静と動のイメージが何度も繰り返される。しかし、暴力のシーンは、これまでのどの犯罪映画やホラー映画よりもずっと毒を含んだ濃密なものだ。そして、少なくともあるひとつのイメージ——泥に覆われた沼から犠牲者が浮かび上がってくるシーン——は、きっと、あなたの悪夢のなかにも顕れるに違いない」（「勘三郎の意志　平成中村座の十年」『演劇界』平成二十三年二月号）

こうした批評は、私を含めて日本の劇評家が書いてきた歌舞伎評とは、明らかに異なっていた。歌舞伎を伝統演劇の枠組みのなかで評価するのではない。伝統演劇という枠に囲い込むのではない。歌舞伎の「型」を前提に、それがどう継承され、今回はどう異なっていたかにこだわるのでもない。ブロードウェイやロンドンのウェスト・エンド、また世界各地の国立劇場などで上演される現代演劇と同列に評価しようとする姿勢が際立っていた。当然のごとく、勘九郎はこの劇評に感動するが、その気持ちはよくわかる。わかるがゆえに、私には書けなかった批評を前にして、内心忸怩たるものがあった。

劇評は続く。

「歌舞伎の伝統に忠実でありながら、それを少しひねったやり方で階級、犯罪、名誉、恥といったテーマを扱い、うねうねと曲がりくねって進むこの物語は、確かに、教養マニア向けというだけではすまない作品といえる」

劇評は、すべての登場人物が、男役も女役も男優によって演じられること、登場人物の性格は、曲線で描かれた眉によって表現されることなどを紹介した上で、こう文章を結んでいる。

「しかし時間がたつうちに、舞台上の竹格子の後ろにひかえた演奏者たちがかき鳴らす、切迫したように振動し瞑想的に鳴り響く弦の音が役者たちの演技を強調して、彼らの信号的な身振りやしかめた表情の下に、複雑なものが感じられるようになってくる。オープニングで騒々しく始まった滑稽な茶番劇が、いつしか、ドストエフスキーの小説の罪と恐怖の感覚をよび起こすような、重々しい心理風景に変わっていったのだ」

勘九郎は「ドストエフスキーと比べられたよ！」と鬼の首でも取ったように喜んでいた。勘九郎にとっての海外公演は、文化交流や伝統演劇の紹介が目的ではなかった。歌舞伎が現代を生きる演劇として認められることにあった。とすれば、このニューヨークの平成中村座公演で、勘九郎は確実な手応えを得たのだろう。

# 十九、海老蔵襲名と弁慶

**三津五郎四十八歳**

勘九郎がニューヨークで大成功を収めた平成十六年は、三津五郎にとっても大切な一年で、次々と大役を勤めた。

なかでも五月から歌舞伎座ではじまった十一代目市川海老蔵襲名披露に、三津五郎も出演している。

海老蔵の父、十二代目市川團十郎は、十九歳で父の十一代目を亡くしている。二代目松緑、六代目歌右衛門、十七代目勘三郎らの指導を受けながら、ひとりで十代目海老蔵、十二代目團十郎を襲名した。教えを受けたのは、歌舞伎界の偉大な先輩ではあるけれども、親ではない。三津五郎の言葉に従えば、「ご自分の團十郎襲名のときは、周囲に気を遣い、頭を下げながら、襲名をされたわけです」。團十郎の家は、市川宗家といわれ、歌舞伎の家のなかでも特別な家である。プライドを高く持ちつつも、親がいないばかりに頭《こうべ》を垂れていなければならない。十二代目團十郎は、こうした苦難を生きてきたからか人格者として知られていた。

「ですが、今度は、自分の息子に海老蔵を襲名させる機会がやってきた。親として、自分の息子についていてやれるのです。『おれがやってあげられる』という喜びが、ひしひしと感じられました。襲名の扇子から引幕の絵まで、自ら描いてやる親なんていないですよ」

新調した引幕には、威勢のいい海老が生き生きと描かれていた。傾《かぶ》くはずの歌舞伎役者に優等生が多くなったなかで、野性をそなえた息子の将来を期待する親の気持ちがあふれていた。三津五郎の出演は、昼の部は『暫』の鹿島震斎。芯となる鎌倉権五郎は、十一代目海老蔵。夜の部の「山上」にも列座して、切り狂言の『魚屋宗五郎』では宗五郎を勤めていた。

ところが初日が開いてわずか九日。團十郎が病気で倒れた。海老蔵の妹、舞踊家の市川ぼたんは、五月一日の初日の舞台について書いている。歌舞伎十八番の内『勧進帳』。弁慶が團十郎、対する富樫は海老蔵だった。

「芝居には見せ場となる場面が何か所かあるのだが、

『あれ……、……あれ?』

最後には、義経を頼朝の手から逃すため、命懸けの弁慶は、先に義経一行を逃がし、それを追うように飛び六方《ろっぽう》という歌舞伎独特の表現で花道を飛び去っていく。私の動揺した心を掻き消すかのようにお客様の興奮はピーク。襲名興行の初日ということもあり、割れんばかりの拍手。しかし……『やはりおかしい。いつものお父さんじゃない』」（市川ぼたん『ありがとう、お父さん　市川團十郎の娘より』扶桑社　二〇一五年）

五月九日夜、検査を受け、十日には、團十郎は医師から白血病の宣告を受ける。「明日からは休演していただきます。すぐに治療を要する状態です」。團十郎の心中やいかばかりだったろう。

招待日は五月三日だった。弁慶は團十郎である。私の目にも團十郎は異様に写った。襲名は気骨が折れると聞く。雑事でさぞ疲れているのだろうと思った。

## 『勧進帳』で團十郎の代役に

歌舞伎には、病気休演はあっても、公演中止はない。代役を立てねばならない。制作はさぞ困り抜いたことだろうと思う。三津五郎は平成三年九月に歌舞伎座で、早朝にあった『子供歌舞伎教室』ではあるけれども、二度弁慶を勤めている。平成五年の一月、浅草公会堂でも弁慶を勤めている。ただし、歌舞伎座の本興行で弁慶を勤めた経験はない。代役は急を要していた。團十郎の意向もあったのだろう。三津五郎に白羽の矢が立った。

夜の部は『勧進帳』のあと、十五分の休憩を挟んで『魚屋宗五郎』となる。先にも書いたように『魚屋宗五郎』は、それだけでも体力を使う大役である。屈指の大役をたった十五分の休憩で勤めなければならない。しかも、海老蔵襲名の『勧進帳』である。

「とにかく舞台に穴を開けないようにというぼくの思いと、安宅の関でこの場をどう乗り切るかという弁慶の危機感が、お客さまからするとオーバーラップしたのでしょうか、客席じゅう大拍手になったのを覚えています。

役者としても、いい体験をさせていただきました。というのは、『勧進帳』では、本来、富樫と弁慶は安宅の関ではじめて会うわけですよね。でもお芝居では、富樫と弁慶を演じる役者が、舞台ではじめて会うなんてことはありえません。たとえお互い初役でも稽古場で四回か五回は顔を合わせて、初日が開くわけでしょう。ところが、代役の初日は、稽古もなく本番の舞台に出ていって、向こうから『なんと、山伏の御通りあると申すか、心得てある』と来た海老蔵君の富樫を、弁慶のぼくは、はじめて見ることになったわけです。舞台にいても、本当に安宅の関にいるようでした」

私の観た三津五郎は、内に内にと力を蓄えて、力みのない弁慶だった。弁慶の意気込みが、富樫を圧倒する。そうした気迫に満ちていた。まったく稽古なしで代役ができるのも驚きだが、代役でこれほどの水準を示す三津五郎に、役者としての円熟期が訪れているのがわかった。

團十郎の病後、看病にあたった市川ぼたんは、よい言葉を残している。

「病気をしてからというもの、いつも楽しそうな父がいた。どんなときも笑顔を絶やさなかった。白血病を発症したとき『昔なら、あのときで自分の人生は終わっていたはずが、医学の発達により助かったから、いわば、今はおまけの人生だから嬉しい』とよく話していた。父はどんどんおしゃべりになっていった。以前はどちらかといえば無口だったが、伝えておきたいことが堰を切ったように溢れ出した。

日本人として大切なことを伝えたい、それは必ずしも、歌舞伎でなくては、とこだわっていた訳ではない。『たまたま自分はこのような少し特殊な環境に生まれ、自分ができるのは歌舞伎を通すこと。日本で培われてきた先人たちの知恵を今こそ見直すべきだ』と常々言っていた」（前掲書）

團十郎は、勘三郎が亡くなり、三津五郎が膵臓がんを公表する前、平成二十五年の二月三日に亡くなっている。結果的に、勘三郎は團十郎の急逝を知らずによかったと思う。三津五郎は勘三郎が亡くなったのちに、兄貴と呼んだ團十郎の死を受け止めなければならなかった。絶望はときにこのようにして人を襲う。

# 二十、役者を守る

**勘九郎四十九歳**

平成中村座のニューヨーク公演が行われた当時、勘九郎と雑誌『演劇界』は、犬猿の仲となっていた。もとより『演劇界』編集部が勘九郎を嫌うわけもない。平成十年九月、コクーン歌舞伎で上演された『盟三五大切』について、『演劇界』十月号は劇評を掲載した。評者は天野道映。

「最大の疑問は、現代劇の笹野高史の起用である。歌舞伎俳優に混じって彼独り、せりふもしぐさも間《ま》も現代劇調になり、全体の調和を乱している」

この指摘が勘九郎の逆鱗に触れて、取材拒否となった。

実際に勘九郎が引用しているのは、以下の部分で、その注釈もある。

「それでね、俺が最大にイヤだったのはこの一行。

『現代劇俳優の笹野高史を使ったのは、最大の失敗だ』

だけどその理由は、どこにも何も書いてない。

これって批評じゃなくて単なる好き嫌いだし、差別だよね。だったら俺は何？　時代劇俳優なのかって思ったもん。

新劇だの、アングラだの、商業演劇だのっていう、マスコミが勝手に区別してるジャンル分けがイヤだから、俺はコクーン歌舞伎や、『浅草パラダイス』みたいな、いろんな人が一緒になって交じり合うようなことをやってるわけじゃない？

もちろんジャンルってものはありますよ、名前としてね。だけどジャンルが違ったって、同じような心を持ってる役者はいるんです。

それにね、俺だって笹野さんに『鏡獅子』を踊れとは言わない。源五兵衛や三五郎をやれとも言わないもの。闇雲に出てもらってるわけじゃないのに、歌舞伎役者じゃない人が出てるっていう事実だけを否定するのはね、俺に言わせりゃあナンセンスだよ」（中村勘九郎『歌舞伎ッタ！』アスペクト　一九九九年）

説明を加えると『浅草パラダイス』は、新橋演舞場で上演してきた喜劇シリーズで、ここでは勘九郎の他に藤山直美や柄本明が常連のように出演している。源五兵衛や三五郎は『盟三五大切』の主な役で、この公演では、勘九郎と橋之助が交互に出演した。勘九郎の趣旨は明確で、歌舞伎役者ではなくても出来る役はある。同じ心を持っていればいいというのである。「歌舞伎役者にしか歌舞伎はできない」と思い込んだ紋切り型の評に対する反発だった。

最後に勘九郎が『演劇界』の表紙を飾ったのは、平成十四年十二月号、十月の歌舞伎座で『仮名手本忠臣蔵　道行旅路の花聟』の勘平を勤めた時である。以来、表紙を含め勘九郎はカラー頁に登場していない。役者と雑誌の間には、長年の慣行があり、カラーの舞台写真に関しては、役者の目を通して、選択してもらうことになっている。モノクロについては編集部に任されていた。この慣行は、現在も続いているはずだ。

### 負けん気の強さ

勘九郎が編集部の人間と会うことさえも拒んだために、表紙にもカラー頁にも掲載できない時期が長く続いた。問題があるにしても『演劇界』は唯一の歌舞伎専門誌である。平成十七年の三月には、十八代目勘三郎の襲名が控えていた。一年半以上もこのような絶縁状態が続くことは、勘九郎、編集部双方にとってよくないと、私ばかりではなく、関係者の多くが心配していた。

担当の若井敬子と別冊編集長の小宮暁子から打開策を相談された。歌舞伎の世界には

「御使者《おししゃ》」という言葉がある。勘九郎を訪ね編集部との和解はならないか、話しに行く気の重い役目を負った。身の丈に合わない「御使者」ではあったが、平成十六年の九月に楽屋を訪ねた。小宮はこのトラブルが起きるまでは、約束なしに勘九郎の楽屋を訪ねることができる関係だった。関係が遮断される辛さは私にもわかる。

楽屋の外で小宮は待機していたが、なかには入ってこなかった。

「いや、余計なお節介だとはわかっていますが、襲名を前にして和解できませんか。お互いのためによくないと思うんですよ」

いささかふがいない挨拶をすると、勘九郎は早口で応えた。

「いや『演劇界』というのはおこがましいでしょ。今のままじゃ『歌舞伎界』ですよ。それとね、私が怒っているのは劇評のことだけじゃないの。芯に立つ役者以外も、そりゃ舞台写真に写るでしょ。それなのに名前をいれようとしないんだ」

お弟子さんたちが次の芝居の着付を手伝いながらの会話である。

「この人たちにだって名前はあるんですよ。だから許せないんだ」

威勢のいい啖呵を切られて私も困った。

言い出したらがんとして聞かないところが勘九郎にあるのは、私もよく知っていた。

「わかりますよ。ただ、門前払いは困ります。話し合いはしてあげてくださいね」

逃げるように楽屋を去った。

私がこの事件を思い出して感じるのは、座頭として自分が配役した役者は、徹底して守るという責任感であった。また、平成中村座では、いつもは脇を勤めるお弟子さんたちが芯になる役を演じる試演会を必ずといっていいほど設けている。こうした周囲に対する優しさがあってこその座頭でありリーダーなのだと思う。

平成中村座で試演会を行うのは、勘三郎亡き後も続けられている。平成二十七年四月二十一日の試演会は、『妹背山婦女庭訓《いもせやまおんなていさん》』の「三笠山御殿」。中村仲之助のお三輪、中村獅一の鱶七、中村仲弥の橘姫、中村橋三郎の求女という配役で、この後、橋之助以下、幹部が勢揃いする「おたのしみ座談会」で場を盛り上げた。

十八代目勘三郎の襲名を特集した平成十七年四月号で、勘三郎は表紙を飾っている。けれどもこの写真は襲名のために写真家の篠山紀信がニューヨークのブルックリン橋周辺で撮影したもので、襲名興行の舞台写真ではない。続く七月号も篠山が金屏風の前で撮った公式写真で独自のものではない。厳密にいえば、この年の九月号に、ようやく七月大阪松竹座で行われた襲名披露興行の『藤娘』のカラー写真が掲載されている。関係はこの時点で回復していたのだろう。

十八代目勘三郎を襲名するから和解するのではなく、筋が通るまで、勘九郎は拒否しつづけた。負けん気の強さがよくわかる。

和解が成立したのは、『演劇界』を刊行する演劇出版社の経営が思わしくなくなり、小学館が経営を支援したのがきっかけとなった。編集部が新しい体制になり、判型と編集方針を変えてからである。

# 二十一、歌舞伎座の監事室にて

## 三津五郎四十九歳

平成十七年の七月『NINAGAWA十二夜』が歌舞伎座で初演されたとき、監事室で三津五郎とばったり会った。

一階観客席後方上手側に、監事室と呼ばれる小部屋がある。旧歌舞伎座も現歌舞伎座もほぼ同じ位置にあり、客席とはガラス窓で区切られており、外には音がもれないから、芝居の最中も話していて差し支えない。普段、席の都合がつかなければ、関係者は二階の最後列の更に後ろに設けられた補助席に座る。報道関係者は上手隅、役者やその家族など幕内の関係者は下手隅が用意されることが多かった。評論家と役者が並んで芝居を観ることはない。ところが、この『NINAGAWA十二夜』初演は、連日満員御礼で、補助席まで売れてしまったのが幸いして、私は三津五郎の解説付で歌舞伎を観る幸運を得た。

『NINAGAWA十二夜』に私が関係した経緯については、『菊五郎の色気』（文春新書二〇〇七年）や『菊之助の礼儀』（新潮社　二〇一四年）に詳しく書いたのでここでは繰り返さない。一週間ほどの稽古は毎日通ったし、舞台稽古にも立ち会った。また本番の舞台もすでに五回は見ていたから、芝居の細部までよくわかっていた。狭い世界なので、私がこの作品に関係していたことは、三津五郎も承知していた。

それだけに三津五郎の評言はおもしろかった。記憶に残っているのは、時蔵の織笛姫がいつも着物の褄を取っているのに触れて、

「もちろん赤姫の着付ですから、褄を取って、裾を捌いているのは間違いではないんです。でも、こだわりすぎると芝居が不自由になるから損をしてしまいますよね」

赤姫には、片手を肩から平行に伸ばし、もう片手を胸にあてる典型的な「こなし」がある。時蔵はこの赤姫の型を守ろうとしていた。なるほどとうなずいて私は訊ねた。

「確かに時蔵さんは、赤姫の代表的な『こなし』にこだわっているようですね。ただ、室外の場面では裾を引きずるわけにはいかないのではありませんか？　屋外の姫といえば『菊畑』の皆鶴姫《みなづるひめ》はどうでしたっけ？」

「皆鶴姫ももっと自由に動いていますよ。屋外でも自由でいいんです」

部屋にはふたりだけだったから、だれをはばかることもない。あれこれ訊ねつつ、『NINAGAWA 十二夜』を観た。贅沢な時間だった。

この体験を岩波書店の編集者中嶋裕子に話したところ、歌舞伎を見始めて二年くらいたった観客を対象に三津五郎から聞書きをする企画が、すぐにまとまった。これまで引用してきた二冊は、その成果である。おかげで、私は三津五郎と頻繁に会う機会に恵まれた。平成十九年の三月から翌二十年の五月までのあいだ追加取材を含めると八回、また、平成二十一年の四月から翌二十二年の六月まで六回。監事室の延長で話を聞いた。

三津五郎も私も五十代半ばで遊び盛りだったから、取材のあとは、時間の許す限りふたりで呑みに行った。編集者は下戸なのでいつも置き去りにしてしまった。勘九郎とは違って、四六時中、芝居の話をするわけではなかった。むしろ真面目な話はせずに、楽しく雑談を愉しんだ。

## 人の親としての顔

取材を始めたごく初期だったから、平成十九年ごろだったと思うが、銀座のバーのカウンターでふたりで呑んでいるときに、急に後継ぎの話になった。酔いはだいぶ進んでいた。

「巳之助が本気で歌舞伎役者になってくれるのか心配なんですよ」

「ずいぶんドラムスに凝っていたと聞きましたよ」

「それはいいんだけどね」

私は「家庭教師」と思っていた三津五郎が急に人の親になったのに驚いた。しばらく考えて言葉を継いだ。

「参考になるかわかりませんけど、近所の鮨屋で地元の小児科医の先生とよく呑むんです。高校二年生の息子さんがいましてね。このあいだ同じような話になったんです。その先生は『ともかく絶対に継いでくれとだけはいわないようにしている』。多分、自分で選択した道じゃないと、うまくいかないって考えだと思いますよ」

「そうだね」

三津五郎は複雑な思いに沈んでいるようだった。

それから半年ほどして、またバーのカウンターにふたりでいた。先の会話を思い出したのか、

「巳之助がね、役者になりたいんですって。そういってきたんですよ」

ざっくばらんな笑顔を見せた。

# 二十二、十八代目勘三郎襲名

**勘三郎五十歳**
**三津五郎四十九歳**

平成十七年一月の浅草寺お練りにはじまり、三月、四月、五月、歌舞伎座で五代目勘九郎は、十八代目勘三郎を襲名した。

十五代目仁左衛門、十代目三津五郎のような大きな名跡でも、二ヶ月の襲名興行だった。三ヶ月にわたる歌舞伎座での襲名は、近年では十二代目市川團十郎襲名が思い出されるくらいで、破格の待遇であるとわかる。それだけの観客動員が見込め、三ヶ月を埋める当り狂言を並べるだけの実績、付き合ってくれる役者を集めるだけの人望があってのことだ。

この時点で勘三郎は人気、実力ともに歌舞伎界の天下を取ったと私は考えている。

襲名といえども、すべての演目に勘三郎が出演するわけではない。

あえて端役で出演する「ごちそう」や幹部が勢揃いしての「口上」を除くと、毎月二本から三本の芝居で芯となった。

芯となったのは以下の狂言だった。三月は『一條大蔵譚』の大蔵卿、『盛綱陣屋』の盛綱、『鰯賣戀曳網《いわしうりこいのひきあみ》』の猿源氏。四月は『京鹿子娘道成寺』の白拍子花子、『籠釣瓶《かごつるべ》花街酔《さとのえい》醒《ざめ》』の佐野次郎左衛門。五月は『髪結新三』の新三、『野田版　研辰の討たれ』の守山辰次を勤めた。

## 努力に努力を重ねた天才

『野田版　研辰の討たれ』を除けば、いずれも亡父十七代目の当り狂言である。しかもその舞台は単に父から受け継いだ技藝を繰り返しているわけではなかった。母方の祖父六代目菊五郎、父方の伯父初代吉右衛門にさかのぼって上演台本を見直す。また現在の視点から戯曲を読み直し再構成する意欲にあふれていた。昭和を代表するふたりの名優の血を受け継いだ勘三郎は、恵まれた素質に安住せず、襲名によって高みに到達した。天才は努力を重ねに重ねて、天才子役ではなく、ひとかどの歌舞伎役者となりおおせたのだった。

全体を通してみると、勘九郎時代の特徴だった愛嬌は後退して、観客の受けを狙うような演技は抑え込まれていた。一例をあげれば、『一條大蔵譚』。平清盛の権勢を怖れて作り阿呆として生きてきた大蔵卿を演じて、作為を見せない。正気となって清盛を批判し、さらに元の作り阿呆に戻る件りに無理がない。観客に受けるために、落差をつけて正気と阿呆を切り替えるのを止めて、自然なひとりの人間として舞台に立っていた。さらにいえば、阿呆を演じることでしか生き延びられなかった公家の苦渋が滲んでいたのだった。こうした吉右衛門系統の狂言では、単に見せ場をいかに工夫するかにとらわれなかった。あえて心理主義劇な演技を怖れず、人物像をリアルなものとして一貫させようとしていた。『籠釣瓶花街酔醒』もまた、吉右衛門系統の狂言である。

「幕切れで次郎左衛門が八ツ橋を殺すでしょう。この場で次郎左衛門は廓では御法度になっている刀を持ち込みます。『籠釣瓶』って妖刀です。これを床の間に置くのがきまりになっているけれど、歌舞伎座の間口は広いから、刀を取りに行っているうちに八ツ橋は逃げちゃうんじゃないか。玉三郎さんとそのあたりの間合いを何度も研究して、不自然にならないように工夫したんですよ」

勘三郎は、のちに菊五郎、菊之助がこの芝居を勤める以前から、折りにふれてこんな話をしていた。贔屓への挨拶やマスコミへの対応などに忙殺される襲名披露興行でも、劇の細部を詰めていく仕事が続けられていたとわかる。

今でも強く思い出に残っているのは、『京鹿子娘道成寺』と『野田版　研辰の討たれ』

なのだった。

歌右衛門、梅幸、雀右衛門、芝翫、菊五郎、玉三郎。私が観てきた『京鹿子娘道成寺』は、菊五郎をのぞけば、いずれも真女方《まおやま》による舞踊の極め付けだった。真女方とは、女性の役がその藝のほとんどを占める役者を指す。江戸時代の舞踊は、女方の出し物だったから、『京鹿子娘道成寺』の成り立ちを考えると当然の話かもしれない。ところが、この襲名披露で勘三郎は、自らが本来、男性の役を演じる立役が中心の役者であると強く意識したに違いない。そして、祖父にあたる六代目菊五郎を思い描き、立役が踊る『道成寺』の完成形をめざしていたのだった。

そのために、この演目の背景にある安珍清姫伝説は背景に後退し、鐘への妄執、女性の嫉妬を強調することはなかった。鐘を常に意識してはいるが、それぞれの段をよりよく生きようとしていた。

「道行」から「乱拍子」「急の舞」での異様なまでの落ち着き。〽「言わず語らぬ」の「手踊り」から「鞠唄」へ。身体が描き出す描線に力強さがあって、しかもその筆致はおぼろで、ふくらみがある。

## 幻を見ているかのように

「花笠」がまたいい。左右それぞれ三段にあでやかな花笠を振り出すが、現実とも虚構ともさだめのつかない娘姿である。この舞台にはまぎれもなく中村勘三郎というひとりの俳優が踊っている。けれど花笠が振り出されると、あたかも町娘ならぬひとりの女の幻を見ているかのようであった。役の向こう側にいるはずの勘三郎が、桜の花盛りの道成寺、その彼方へ消え去っていったかのような錯覚に陥った。

眼目の「恋の手習」には、女ひとりの心細さと情の深さがあった。鞨鼓《かっこ》の撥《ばち》さばきをみせる「山づくし」では、曲芸にならず、すらすらと見せた。私が驚いたのは、続く「鈴太鼓」であった。小型のタンバリンのような鈴太鼓を手に踊るが、最後に太鼓を舞台の床に叩く。叩きつける。その気迫に狂気がこもっていた。

私は勘三郎が取り乱したのではないかとさえ思った。けれど、そのすぐのち白拍子花子が蛇体となる「鐘入り」に到り、私は納得した。狂いへと一直線に向かっていく花子の心の内を鈴太鼓に託したのだとよくわかった。それは、『春興鏡獅子』で前シテの小姓弥生が獅子頭を手にしたとたん、その頭《かしら》に引きずられるように花道を去っていく件りを思い起こさせた。

勘三郎は、この襲名興行を境に、『京鹿子娘道成寺』と『春興鏡獅子』への傾きをはっきり口にするようになった。特に四月の『娘道成寺』では、團十郎が破邪の青竹をかざす「押戻し」まで踊り抜いた。久しぶりに楽屋を訪ねて、この興奮を語らずにはいられなかった。

「すばらしい『道成寺』ですね。圧倒されてしまいました。なにか心境の変化でもあったのでしょうか」

私の質問には応えず新しい勘三郎は、熱をこめて語った。

「もう、これからはね。体力との勝負ですから『道成寺』と『鏡獅子』はね、毎年出しますよ。いや、両方は無理です。どちらかは必ず出したい。『道成寺』も『押戻し』まで出すとかなりきついんです。玉三郎さんも『あんたよくやるわね』っていうけど、襲名のときじゃないと役者がなかなか揃わないから。團十郎さんがいてくださるからね、『押戻し』を出したんです。僕らはいつまでも踊れるわけじゃないからね。五十五（歳）までじゃないかな。本当にそう思うよ」

私はこのとき、年齢のことなど聞き流していた。もちろん本人も五十五歳でこの大曲を舞い納めるなどとは、夢にも思っていなかったに違いない。私たちにとって、死は、遠い先にあった。

三津五郎は、五月の公演に同座している。『芋掘長者』では藤五郎を踊り、『弥栄芝居賑《やよさかえしばいのにぎわい》』では、勘三郎の座元に大和屋巳之吉として幹部役者たちとともに花道にずらりと居並んだ。六代目菊五郎ゆかりの『髪結新三』では、二枚目の手代忠七と新三をやりこめる家主長兵衛の二役。『野田版　研辰の討たれ』ではもちろん当り役の家老であった。

『野田版　研辰の討たれ』は、はじめての再演とは思えないほどの完成度を示していた。たとえば幕切れには、胡弓・琴・尺八を使って「カヴァレリア・ルスティカーナ」が流れたが、初演ではメロディラインが不鮮明だった欠点を直していた。『籠釣瓶花街酔醒』ばかりではなく、新作歌舞伎の『野田版　研辰の討たれ』でもこうした細部に直しが入っているとよくわかった。

歌舞伎は怖ろしい。そう思ったのは、初演から四年しか経っていないにもかかわらず、あれほどまでに衝撃を受けた幕開きの影絵をつかった演出が、ごく自然に受け止められたからであった。勘三郎はもうひとりの盟友、野田秀樹と創った新作をあえて襲名披露に取り上げ、これもまた歌舞伎なのだと宣言したのだった。

それまで勘三郎は歌舞伎を現代演劇として成り立たせようと腐心していた。コクーン歌舞伎や平成中村座は、その先進的な試みだったろう。けれど、勘三郎襲名を境に、歌舞伎が現代演劇を呑み込んでしまおうと企んでいるように思えた。演劇の中心に歌舞伎がある。そうだれもが思うような時代をもう一度取り戻そうと、勘三郎は本気で力を尽くし始めたのであった。

平成十七年七月の松竹座、十月の御園座、翌十八年六月の博多座、そして七月からは全国の芝居小屋を回る巡業の旅に出た。秋田県小坂町の康楽館、岐阜県白川町の東座、岐阜県中津川市の明治座、熊本県山鹿市の八千代座、福岡県飯塚市の嘉穂劇場、香川県琴平町の金丸座、愛媛県内子町の内子座、岐阜県瑞浪市の相生座と、明治以前の歌舞伎小屋のおもかげを残す劇場をめぐり、最後の名古屋では平成中村座の仮設劇場へ到る計画だった。もちろん従来の巡業のように近代的な市民会館や文化センターも含まれていたけれども、こうした舞台機構の古さをいやがるどころか、劇場としてのたたずまいを重く見て襲名の興行に加えるところが、いかにも勘三郎らしい。

私はどの町を訪ねるか迷ったあげく、七月二十五日、夏の熊本に八千代座を訪ねた。山鹿市までは、熊本空港から車で一時間足らず、住宅地を歩くと、旧豊前街道にほど近い一角に、忽然と切妻の大屋根がそびえている。菊池川に寄り添い、湯量の豊富な温泉で知られたこの町に、八千代座が誕生したのは、明治四十三年のことだった。

夏の日差しは、衰えを知らない。開場までまだ間があるというのに、ハンカチを手に額の汗をぬぐう着飾った人々が、劇場前にひしめいている。折からの風に、役者の名前を染めた幟がはためく。磨き込まれた板敷にあがり、狭い木戸口をくぐりぬける。平土間には桟に区切られた枡席が広がっている。左右には平土間を見下ろす桟敷席が設けられている。木造二階建てだが、天井は思いのほか高い。見上げると往時に流行った呉服商や菓子店の広告が再現されていて、華やかな気分が高まってきた。狭すぎず、広からず。本花道に加えて仮花道をそなえたこの空間に、ふんわりと抱き込まれているような気がした。舞台と客席が一体になっていて、劇場が幻を育むための繭となった。廃屋同然の劇場が再生した経緯は聞いていたので、玉三郎がこの小屋に魅せられ、勘三郎が巡業に加えたのも、もっともだと思った。

定式幕が引かれると、夜の部の開演である。まずは、裃をつけて威儀を正した幹部が居並んでの「口上」一幕が始まった。歌舞伎座や松竹座など大劇場の「口上」では、日本俳優協会会長の四代目中村雀右衛門らの大幹部が、襲名する勘九郎を紹介するかたちを取ってきた。ところが、この八千代座では、いたってざっくばらんに、勘三郎自身が観客に話しかけた。

「博多座の襲名披露に来て下さったお客様はいらっしゃいますか」

「今日、はじめて歌舞伎を観る方はいらっしゃいますか」

愛嬌を含んだ勘三郎の様子が、緊張をときほぐす。観客の笑い声が劇場を満たしていった。

口上が終わると、芝居になる。『義経千本桜』の「椎の木」「小金吾討死」「すし屋」まで。勘三郎がいがみの権太を勤め、扇雀、彌十郎、亀蔵らが脇を固め、七之助、新悟、鶴松ら若手が支える清新な舞台だった。

私が目を見張ったのは、「椎の木」で勘三郎が舞台に登場する「出」であった。場面がさっと明るくなる。いかにも、すっきりとした無頼漢である。子供を喜ばせるために、親切ごかしに椎の木につぶてを投げ、木の実を落としてやる件り。悪党でありながらも、子供に目のない男の情感があふれていた。権太は、若葉の内侍、若君六代、お供の小金吾の一行が持つ包みを故意に自分のものとすり替える。包みを盗んで逃げるのではない。あえて戻って間違えましたと謝ってから、紐がほどけているところに目をつけて、もとから入っていなかった二十両の金がなくなったと言い立てる。

勘三郎の権太は、かさにかかって強請りとなるあたりに、才気がほとばしっていた。たたみかけていく台詞の調子が小気味がよい。こうした強請りの場は、だれもが知っている名作だけに、段取りを追っていく危険がひそんでいる。それにもかかわらず勘三郎の権太は、型に命がかよい、いかにも強欲で非道に見える悪党に、たくましく生きていく人間の活力が宿り、ある種の明るささえ感じられたのだった。

もちろんこの芝居の眼目となる「すし屋」も実によかった。これまで悪人だとだれからも思われていた人間が、劇の頂点で実は善のために行動していたとわかる。そんな作劇の運びを「もどり」という。義太夫狂言ではよく現れる趣向だけれど、権太は、憎みきれない悪党として「椎の木」に登場し、「すし屋」では自らの妻子を犠牲にしてまでも主君の内侍、六代を逃そうとした忠義の男となる。

勘三郎の権太には、父への思いがこもっていた。妻や子を犠牲にして、父弥左衛門の窮地を救い、自ら死を選ぶことで父と子の和解へと到る。その筋道がよくわかった。これまで父から極道息子と忌み嫌われてきた。権太は父が苦手ではあっても思慕を捨てきれなかった。そんな悲しい男の心情が浮かび上がってきた。

勘三郎の「すし屋」は、謹厳実直な父と放蕩息子が、死を賭して遂に和解するドラマとして成立していた。平維盛をめぐる物語がこのときがらっと姿を変えた。歴史の中で、無名のまま消え去ってしまった弥左衛門と権太の絶望と束の間の幸福が腑に落ちた。勘三郎の藝境はここまできたのか。私は溜息をついた。

権太、忠信、そして知盛。『義経千本桜』の大きな三役のなかでも、このとき、ひなびた八千代座で観た権太が忘れがたい。襲名披露のために力むのではなく、自在な境地を遊んでいる。劇場空間へのこだわりとともに、古典をしっかりと身につけ、次の世代に伝えていく。勘三郎は、襲名をきっかけに、ごくまっとうな仕事をなしとげつつあった。

彌十郎を通して、楽屋に来て下さいとの連絡があったので勘三郎を一年ぶりに訪ねた。

「とってもいい小屋でしょう。この楽屋は、玉三郎さんが気に入って、磨き込んだ部屋ですよ。玉三郎さんだけあって、こざっぱりしているでしょう」

こんな話をふって笑わせるのが、いつもの勘三郎だった。

「うちのおやじ（十七代目）なんかは、こういう小屋がだめだったんですよ。たぶん戦前に地方回りで苦労しているからね。ろくな旅館に泊まらず、裸電球の楽屋で夜を明かした記憶が消えなかったようですよ」

ひとくさり話して楽屋を出て靴を履こうとしていると、「待ってよ！」と勘三郎が飛び出してきた。「今、野田（秀樹）から偶然、電話がかかってきたんだよ。すごいじゃない」

偶然の力を信じている勘三郎は、こんなことでも全身で喜んでくれる。携帯を受け取って野田と少し話した。勘三郎の勢いに、野田と私はついていけず、お互い照れながら少し話をして、勘三郎に携帯を戻した。

翌日、空港で役者の一行と出くわした。地方空港の便数はそれほど多くはないから、会ったのは偶然ではない。離陸まで三十分ほどしかなかったが、勘三郎は空港ビル内のマッサージにぎりぎりまでかかっていると聞いた。昨年一月から全国の大劇場をめぐる襲名、今年七月にはじまった地方巡業の長丁場も大千穐楽《おおせんしゅうらく》に近づいている。これで襲名のすべてが終わる。もう終わりが見えている。けれど、旅が続くなかで、勘三郎にどれほどの疲労が蓄積しているのだろうか。急に心配になったのを今でも克明に覚えている。

## 二十三、藝域を広げていく

**三津五郎五十歳**

勘三郎が襲名に忙殺されているなか、三津五郎は独自の領域を開拓しつつ、着実に実績を積み上げていった。なかでも記憶に残るのは、平成十八年十一月歌舞伎座でめずらしく女方の沖の井を勤めた『伽羅先代萩』。ひたすら理性を重んじる女性官僚としての沖の井をみせた舞台である。この配役を決めた菊五郎が「寿《ひさし》（三津五郎）はめったに女方をやらないけどね、沖の井は絶対にいいと思ったんだよ」と自慢したのを覚えている。三津五郎はこの年の末に、日本藝術院賞を受賞している。

翌年平成十九年四月は、橋之助、菊之助というめずらしい顔合わせで御園座に出た。座頭としての公演で『盟三五大切』を出し、源五兵衛を勤め一座を率いた。翌五月は、歌舞伎座で忘れ去られていた山本周五郎の新作歌舞伎『泥棒と若殿』を復活して、松緑を相手に観客を沸かせ、家の藝『三ツ面子守』では、舞踊家としての技倆が充実しているのを見せつけた。もうこうしたお面を使った踊りでは、他をよせつけない。そう思わせるほどの出来であった。

さらに七月には青山のスパイラルホール他で現代演劇に出演した。これまで現代演劇に出演したときのように、秋元松代や山崎正和のような大家の作ではない。新進の二十代、本谷有希子の書き下ろしだった。十月は歌舞伎座の『封印切』で、坂田藤十郎の忠兵衛を悲劇に追い込む八右衛門役をばりばりの関西弁で勤めた。十一月の国立劇場は藤十郎が大奮闘の『摂州合邦辻』の通しで、俊徳丸。十二月は歌舞伎座で『鎌倉三代記』の佐々木高綱をめずらしい芝翫型で勤めた。快進撃である。

時代物、上方の芝居、新作歌舞伎に現代演劇、そして三津五郎家を代表する舞踊と、奇跡のように充実した時期であった。今、思い返しても懐かしい黄金の時代である。

今回、『歌舞伎の愉しみ』の元になった速記を読み返した。刊行された本は、三津五郎のひとりがたりになっているので、私たちの会話の様子はまったく残っていない。それもまた惜しいように思われたので部分的に採録する。

## タイムマシンに乗る

私は時代物にも世話にくだける部分があり、また世話物にも時代に張る芝居があるあたりが気になっていた。

「時代に世話あり、世話に時代ありって言葉がありますね」

「はいはい」

「世話に時代ありは、歌舞伎らしくてよくわかるのですが、時代物に世話が入ってくるのはどんな意味があるんでしょう」

「それは本当にまさしくその通りなんだけれども、どこでそこを使うかですよ。そのチョイスを間違ってしまうと、とんでもないことになっちゃうんで。うん。そうですね、時代物には『もどり』がありますね。たとえば（『義経千本桜』の「渡海屋」「大物浦」で）渡海屋銀平が（平）知盛になったり、『鎌倉三代記』で（佐々木）高綱が実は真田幸村になったりするわけでしょう。そういうときには、自分は歴史が好きだからかもしれないけど、完璧にタイムマシンに乗って、そこに行っちゃっている感じがしますね」

「はあ」

いきなりタイムマシンが出てきて、聞き手の私はついていけていない。相づちを打つばかりだった。

「それでないと、やれないですよ。だって歴史のヒーローだから。逆に言えば歴史のヒーローをやれることがうれしいわけだし。それぐらいのつもりです。幸せだと思うくらい。だから自分は等身大でしかない人間なのに、樋口次郎兼光がやれたり、熊谷次郎直実がやれたり、武蔵坊弁慶がやれたり、すごく幸せじゃないですか。

そうなったつもりにぼくなんかは、自分を自分で洗脳しちゃう。だから、そういう意味で時代物はおもしろいですよね。時空を超えてタイムマシンに乗れちゃうんだもん」

「逆に言うと、現代の価値観を持ち込んじゃいけないってことですよね」

「そうですね。そういうことですね。その時代のスケールの人にならないといけないですよね。うん、そうですね。でもおもしろいですよね。だから、歌舞伎の凄さって、そこじゃないですかね。お客さんもそういう時空を超えて楽しんでいるわけでしょう」

「そういう意味では、時代物だけではありませんね」

「ねえ。だって、(『妹背山婦女庭訓』の)『御殿』は、大化の改新の時代の設定ですが、お三輪っていう江戸の町娘が出てきて(笑)それを楽しんでみているんだから。蘇我入鹿、藤原鎌足と一緒に町娘が出てくるわけだから、それを楽しめちゃう昔の人の感覚ってすごいなって思いますよね。『戦国自衛隊』(半村良のSF小説)なんてもんじゃないですよ(笑)」

「時代が混在しているのが平気なら、空間も自在に飛びますからね」

「だってね、『助六由縁江戸桜《すけろくゆかりのえどざくら》』だって、曾我五郎が江戸の吉原に出てきますからね。ふざけんなよっ！って話だけど（笑）。まったく違和感なく見てますね。（狂言作者や当時の役者も）仕立て上げるほうも仕立てあげるほうだけれど、それを甘受して一緒に楽しんじゃう、その文化水準が凄いですよね」

「芝居を中断して、口上が入ったりしますもんね」

「うん、本当にそうですね」

「あれも不思議な」

「コマーシャルが入ったりね。融通無碍ですよね。だから（秀山祭《しゅうざんさい》九月大歌舞伎で）播磨屋（吉右衛門）さんが（『二條城の清正』で加藤）清正をやっていたとき、噂で聞いたんですが、『サインしてくれといっても今はできない、私は清正だから』（笑）っておっしゃったのは、わかるような気がするよね」

取材はこんなくだけた調子で行われ省略が多かった。こうした奔放な会話を補い、文章にまとめるのが、私の仕事だった。

三津五郎の飾らぬ人柄を記録しておきたいと思い、速記にほとんど手をいれずに、ここに一部分、収録した。実際の聞書きは、オープンな雰囲気で行われたのだった。

# 二十四、歌舞伎舞踊の楽しみ

**勘三郎五十二歳**
**三津五郎五十二歳**

平成二十年の四月八日、ふたりは歌舞伎座に出ていた。夜の部の切り狂言は、『浮かれ心中』。勘三郎は伊勢屋若旦那栄次郎、三津五郎は太助を勤めていた。

終演後、銀座の料理屋で雑誌『演劇界』のための取材が行われた。「歌舞伎舞踊の楽しみ」と題した特集のなかの対談で、私は司会を仰せつかっていた。

当時まだ、五代目中村富十郎、七代目中村芝翫は健在だったが、すでにふたりが歌舞伎舞踊の頂点に達しつつあるとだれもが思っていた。それゆえにこの対談が企画されたのだろう。料理屋の座敷で私はふたりを待っていた。勘三郎が先に着いたが、床の間を背負う場所を空けて座った。間もなく三津五郎が到着すると、床の間を背負うことは避けた。たかが半年とは言え、長幼の序は歌舞伎界では絶対だが、お互いへの気遣いが感じられた。

まずはビールで乾杯。芝居のあとだったからか、ふたりが実にうまそうに飲み干したのを覚えている。

「お芝居はともかく、踊りはどうみたらいいかわからない。そんな声をよく聞きますね」

対談はそんな私の質問からはじまった。まず、勘三郎から口火を切った。

「僕は、芝居には〝味〟とか〝風《ふう》〟とか、言いあらわしにくいものが大切だと思います。でも、踊りの場合、それらは後からくるものだと思う。踊りはまず、体に叩き込むもの。スポーツの採点競技みたいに10点満点を目指して9・9を出す、僕たちの踊りは、あえてそこを目指してきたはずなんですよ。ここまで腰を折れ、手を上げろとか、寿さん（三津五郎）も僕もそう言われて育ったので、それ以外は認めない感じがあります。やっぱり楷書が書けなければ、崩すこともできないわけで、僕は踊りには厳しいんですよ。また、踊りは肉体を使って何回も繰り返し、体で覚えないと覚えられないから厄介なんですね」

『坂東三津五郎　踊りの愉しみ』が上梓されたのは、平成二十二年の九月で、この時点ではまだ取材も行われていない。それにもかかわらず、そのなかで三津五郎が強調した要点が、勘三郎によってすでに語られている。

「とにかく体を動かさないとどうにもならないから、踊りは厄介と言えば厄介です。それは踊りを習い始めの人でも、僕らでも変わりません」

三津五郎は初心者も念頭においている。ふたりのあいだに違いがあるとすれば、勘三郎は流派を持たず素人に踊りを教えることはない。反対に三津五郎は坂東流の家元であり、みずから踊るだけではなく、日常的に教える立場にあった。

**夜中にベッドの中でもずっと踊っていた**

勘三郎はいたずらっぽい口調で続けた。

「『道成寺』を踊っていて言うのもなんですけど、たとえば、『藤娘』もそんなに簡単に踊れる踊りではないんですよ。六代目菊五郎が潮来《いたこ》から変えた藤音頭なんて、僕は恐ろしくて、長い間踊れませんでした。いざ踊ると決めた時、体を動かしてみるでしょう、もう一か所でもいやなところがあると、夜中にベッドの中に入ってからもずーっと踊っていました。お客様に見せるとか、テクニック云々というより、足の運びとかで娘の雰囲気を出すのが難しい」

「ベッドの中では、頭の中で踊っているのですか」

「いや、体を動かさないとだめです。ここでこうしてなんて考えていると、逆にそれが癖になってしまいますから」

三津五郎はすぐにこの話を引き取った。

「足の運び一つ狂っても、きれいにゆかないんですよ。右から出るか左からか、大きく出るか小さくかということも、覚えるというより、癖になるまで踊らなきゃいけない」

頭ではなく、体が覚え込む。この点をふたりとも強調している。そこで、振りや間《ま》を間違えたときは、身体ではなく、頭が急に意識されるのではないかと思い、意地悪な質問を私は切り出した。

「舞台で間《ま》をはずしてしまった時はどうするのですか」

勘三郎は率直きわまりない。

「以前なら、一つはずすと後ががたがたになっていましたけど、この頃はごまかすのが上手くなった（笑）」

三津五郎は勘三郎の言葉を受けた。

「止まりませんね。十代の頃は、そこで止まってしまったのに」

**お尻の穴から頭の上へ、一本の棒が通っている**

踊りの名手といわれるふたりでさえも、間をはずすことはある。それが本人たちから語られた。あけすけに語れるのは、やはり自信があるからだろう。私は重ねて訊ねた。

「踊り手の側から見てよい踊りとは、どんなことが大事なのでしょう」

「僕らは、腰折ったり、いろんな形になったりした時、だいたい一本の棒の中に収めているんです。でしょ?」

勘三郎はこの日、「僕は」ではなく「僕らは」という言い方をして三津五郎に同意を求めた。

「そうだね」

「名人はどんなに曲がった形になっても、お尻の穴から頭の上へ、一本の棒が通ってますよ。これがやっぱり基本だと思う。寿さんがそうで、僕もそれを心がけてる。日本の舞踊だけじゃなく、きっとバレエも彫刻も美しい形はみな同じことでしょう。いい悪いの違いはそこだと思いますね」

「心棒からはずれてはいけないということ」

「どんなに激しい踊りでも、重心がしっかりある……、そう、独楽《こま》!」

「そうそう。ちょっとゆがんだところがあると、軸がぶれてしまう」

「そして、止まってるように見えるけど、動いてる。寿さんの踊りもいつも動いているんです。僕もそうしたい。止まっているように見える踊りを踊るのが夢です」

　踊りに関しては三津五郎が上だと、勘三郎が立てているのがよくわかった。三津五郎も謙遜せず、自然なことのように受け止めていた。

「たとえば、さっきの話に出た『北州』は、二十三分ぐらいの曲なんですが、止まって決まるところは、実は一つもないんです。決まったらすぐ次に動き出すから、動いているようで止まっていて、止まっているようで動いている。難しい」

　まるで禅問答のようだ。さっきの話というのは、富十郎の『北州』についてである。勘三郎は「今『北州』を見て、正当に評価してくれるお客さんが少ない」と嘆き、三津五郎は、

「そんなものはだめだ、許さないと、刃物を研いでくれる砥石が減っている今、踊れる人をつくることも大事だけれど、本当に踊りをわかってくれる人をつくってゆくことも僕らの使命だと思いますよ」

　と応えている。踊り手が育たないばかりか、よい観客がいない。日本舞踊が置かれた現状についてふたりは厳しい見方をしていた。三津五郎が続けた。

「芝居には、ストーリーがあり、共感して泣けたりとか、感情が外に出てくるものですが、

本当にいい踊りを見終わった後って動けない。すごいものを見て、椅子から動けなかったことが何度かありました。芝居を見る感動と、いい踊りを見た時の感動って、種類が違う気がします」

**目をパッチリ開けて大きく踊れ**

専門的な話が続いた後、やはり踊りの名人といわれた十七代目勘三郎の話となった。

「勘三郎のおじさんがあなたに教える時、いちばん厳しくおっしゃったのはどんなことなの？」

「目をパッチリ開けろ、パッチリ開けて大きく踊れ。言われたのはそれだけ」

「大きく踊れか、ほぅ」

「それと『鏡獅子』の弥生の時だったけど、ふにゃふにゃするなって言われました」

「でも、おじさんはあんまり普通には踊ってらっしゃらなかったよね。あの独特の踊り方は、子供には教えないってことなのか」

「自分のなかでそうしないほうがいいっていうのがあったんだろうね。実はこの前、『夏祭』の団七とお辰を海老蔵君に教えた時、ビデオを見て勉強してきたのか、最初、僕にそっくりだった。動きすぎるの。『だめだよ、そんなに動いちゃ』って言いながら、自分にダメ出ししてるのに気づいた。親父もそうだったんじゃないのかなぁ」

対談の終わりに『鏡獅子』の話になった。勘三郎は二十代の頃を振り返った。

「最初は無我夢中でしたけど、あの踊りは無我夢中だからこそいいところがあるじゃないですか」

「あるある、確かに。同世代として最初に踊ったのを見て、この人はすごいなと、神々しく見えましたからね」

「それで天狗になったつもりはないけれど、その後、どんどん踊れなくなってきたんです。もう、急降下ですよ。9・9を目指して同じことやってるつもりで、稽古もちゃんとしてるのに。初々しくないとかいろんなこと言われて、もうだめだと思っていたんですけど、松竹座の初日（平成九年三月）に少し思い出し、9・11（二〇〇一年米国同時多発テロ）の後に稽古なしで踊った時（岡山後楽園篝火《かがりび》歌舞伎）、スコーンと抜けたんですよ！　そして、この間（平成十九年一月歌舞伎座）は二十五日間のうち二十四日間、初めてなんにも考えずに踊れた。ただ音が鳴って体が動いている状態です。でもね、これがまたいつかダメになるんですよ。だから、体が動く時にやっておきたいなというのがあります」

　踊りの厳しさに話が及んだ。三津五郎は場が暗くなるのを避けるかのように続けた。

「逆に、今の歳ではまだぜんぜんダメ、でも将来やりたいものがあるっていうのはうれしいですよね」

　ふたりが並んだ写真を撮ることになった。勘三郎は床の間を背負うのを避けて、向かって右に座り、三津五郎に、入口から遠くどちらかといえば上座の左の席を譲った。しかもさりげなく。こうした気遣いがごく自然に、おためごかしでなく出来る人だった。

　考えてみれば、勘三郎、三津五郎それぞれとはずいぶん話す機会があったが、私を含め三人で会ったのはこの対談が、最初で最後の機会になった。

　取材が終わり雑談となった。勘三郎には遠来の客があったので、三津五郎とふたりで行きつけの「テンダー」というバーに席を移し、ふたりの女性編集者も合流した。三津五郎の紳士的な態度が印象に残っている。

# 二十五、「八月納涼歌舞伎」二十周年

**勘三郎五十四歳**
**三津五郎五十三歳**

聞書き二冊目となる『坂東三津五郎　踊りの愉しみ』は、平成二十一年四月に取材を開始したが、一年余りの取材を経て、平成二十二年の九月に刊行が決まった。入稿、初校ゲラ、再校ゲラの校正と滞りなく進んで行った。

平成二十一年の勘三郎と三津五郎の共演は、八月納涼歌舞伎、十二月歌舞伎座と二度。納涼歌舞伎は、この年で二十周年を迎えている。歴史的な事件となった『野田版　研辰の討たれ』以降も、『野田版　鼠小僧』（十五年）、『隅田川続俤　串田議場　法界坊』（十七年、奈河七五三助作、串田和美演出・美術）、『たのきゅう』（十八年　わかぎゑふ脚本）、『新版　舌切雀』（十九年　渡辺えり子［現・渡辺えり］作・演出）、『野田版　愛陀姫』（二十年、野田秀樹作・演出）の新作、もしくは古典の再解釈を行った清新な舞台へとつながっていった。

また、勘三郎、三津五郎が奮闘するだけではなく、世代交代も徐々に進みつつあった。福助、扇雀、橋之助、染五郎らに機会が与えられるようになった。その証拠に襲名などさまざまな事情が重なったとはいえ、こののちの平成二十二年、二十三年の納涼歌舞伎には、勘三郎、三津五郎ともに出演していない。

## 二十年前と変わらぬ精神

八月は、三津五郎が家の藝の集大成ともいうべき『六歌仙容彩』を踊り抜き、「喜撰」では、勘三郎が相手役となるお梶をつきあった。『船弁慶』では、三津五郎が舟長を勤め、前シテの静御前、後シテの平知盛の霊となる勘三郎を助けた。お互いの大事な踊りを盛り上げるために全力を尽くす。八月納涼歌舞伎を立ち上げたときの精神は少しも変わってはいなかった。

平成十七年に三津五郎は、『伊勢音頭恋寝刃』の福岡貢を初役で演じた。勘三郎演じる仲居の万野の企みにはまって、大量殺人へと到る人間の狂気を克明に描き出した。三津五郎が演じると、狂気とは激情の別名ではなく、ひたすら冷静な狂気もあるのだとわかった。

また、平成十九年には勘三郎は『裏表先代萩』で、政岡、仁木弾正、小助の三役を変わり身もあざやかに演じて見せた。立役の国崩しのような敵役もいい。忠義のために自らの子が惨殺されるのを耐える女方もいい。「兼ねる役者」は、歌舞伎役者にとって格別の褒め言葉だけれど、その境地へと近づいているのがわかった。

けれど、こうした大役も、この年のふたりにとっては、必ずしも八月に演じなければならない役ではなくなっていた。平成二十一年からの歌舞伎座さよなら公演でもそれなりの待遇を受けていたふたりにとって、八月以外の月でも大きな役を出せるようになっていたのである。ふたりは五十代の充実期を迎え、ひとかどの役者になりおおせていた。

この年の十二月歌舞伎座も、勘三郎と三津五郎が仕切る公演となった。この月、ふたりは三本の芝居で共演している。まずは、当り狂言となった『身替座禅』で、勘三郎の山蔭右京に、三津五郎がその妻玉の井を勤めた。ほかは宮藤官九郎の歌舞伎初作品・初演出となる『大江戸りびんぐでっど』、そして『野田版　鼠小僧』の再演である。古典ばかりではなく、平成の新作歌舞伎を歌舞伎座さよなら公演に並べる斬新な試みだった。

勘三郎には、後継者の心配もなかった。長男二代目勘太郎と前田愛の結婚が決まり、十月二十八日には披露宴があった。私も末席に連なったが、盛大な会に驚くとともに、まるで勘三郎自身の披露宴いや襲名披露の祝賀会と思えるほど、招待客が勘三郎の友人で占められていた。聞けばホテルオークラの平安の間でさえも手狭だったという。招待客は六百四十人と伝えられる。

勘太郎と前田愛の友人たちを呼んだ披露宴は、別の日に開かれたのだという。勘太郎を貶めているのではない。偉大な父を持った子供の結婚披露宴は、芸能界のみならず、他の世界でも、親の招待客で一杯になってしまう例をこれまでも見てきた。勘三郎が自分自身の友人に「改めて息子をよろしく」とお願いする会だと思えば納得がいった。

私の手元にある写真データを整理してみたが、勘三郎については、この披露宴のときにホテルオークラの巨大スクリーンに映し出された映像を撮った数枚。三津五郎については、この年の六月二十二日、紫綬褒章と松尾芸能賞大賞を祝った帝国ホテルの会で、野田とふたりのところを撮った数枚があるばかりだった。

この十年、ほとんど毎日のように一眼レフカメラを持ち歩くほどの写真マニアでありながら、ふたりについては見事なまでに写真が残っていない。撮りたいといえば、いやとはいわなかったろうに惜しいことをした。思い起こせば、写真を撮ることで会話が途切れたり、ぎくしゃくするのが嫌だったのだろう。それほど勘三郎、三津五郎と話す時間が楽しくてならなかった。

# 二十六、歌舞伎座閉場

**勘三郎五十五歳**
**三津五郎五十四歳**

平成二十二年は、ふたりが元気に舞台をともに勤めた最後の年となった。もちろん、そのときは知るよしもなく、特に二月、勘三郎が父十七代目勘三郎の二十三回忌追善を出したときは、栄華も極まったとさえ思うほどであった。

四月には長く続いた歌舞伎座が閉まった。ふたりが共演したのは、團十郎が最後に助六を勤めた『助六由縁江戸桜』。十六ヶ月続いたさよなら公演、夜の部の最後は、歌舞伎狂言のなかでももっとも名高い『助六』となった。勘三郎の通人里暁、三津五郎の福山かつぎ。いずれも「ごちそう」というべき役である。

「福山かつぎの三津五郎には、江戸前の粋がこもっている。とりわけ上手に去る時の足取りのよさ。その軽さ。後ろ姿の足によって、この役柄を語り尽くし、風が舞うようであった」

「通人の勘三郎は、さすがに身体がよく効き、持ち前の愛嬌を全開にして場をさらう。二日目に見た時は、やり過ぎかと思ったが、その後、見直したら台詞も整理されていた。お祝い事の『ごちそう』には、欠かせない存在である」

『演劇界』（平成二十二年六月号）にこんな劇評を書いた。通人はアドリブの台詞が許され、緊張した場に笑いを巻き起こす役で、勘三郎ならではの愛嬌があふれた。

この月、勘三郎は『連獅子』で親獅子、『菅原伝授手習鑑』「寺子屋」で戸浪を勤め、なんと三幕に出演した。三幕に出たのは、ただひとり。歌舞伎界の大立者がほとんどすべて居並ぶなかで、次の時代を背負っていくのは勘三郎なのだと、松竹の制作が認めたかのような狂言立てだと評判になった。次の歌舞伎座新開場のときは、当然、勘三郎中心の番組が組まれるだろうとだれもが思った。

## 歌舞伎座に輝く星々

「歌舞伎は一夜いや、一日の夢である。

敵も味方もない。善も悪もない。ただ、歓びと哀しみが、この劇場にあった。天の川の星々のように、歌舞伎俳優がそれぞれの芸を競い、瞬いている。歌舞伎座がなくなろうとも、歌舞伎という天の川は消え去ることはない。
『助六』はそう語りかけて、歌舞伎座はその長い歴史をひとたび閉じた」

『演劇界』に書いた劇評「このひとときのために歌舞伎座はあった」（前掲号）を、私はこう結んだ。こうして歌舞伎座は三年間の休業に入った。

この月から、私は東京新聞の劇評を務めている。安藤鶴夫、戸板康二、利根川裕と昭和を代表する劇評家が筆をふるってきた場を、私ひとり、基本的には東京で上演された舞台をすべて書く仕事だった。身が引き締まる思いだった。

この間、『踊りの愉しみ』のために三津五郎とはメールで頻繁に連絡を取っていた。前年の十二月に本決まりとなった折、新聞劇評を担当すると知らせたら、以下のような返事が返ってきた。

「それはおめでとうございます。どうぞおてやわらかにお願いいたします（笑）。いきなり歌舞伎座さよならの最終公演からになりますね。

歌舞伎座の最後から逆にスタートというのも、きっと長谷部さんに与えられた使命なのだと思います。

今まで歌舞伎座という魔法の小屋のベールに守られていた歌舞伎の本質が、あぶりだされてくる三年間だと思っているからです。

中身がもろに問われる三年間になると思い私は気を引き締めています。と同時に、歌舞伎座が守ってきた歌舞伎が一番美しく楽しく見える方法論を、他の劇場に発展普及してくれる三年間になってくれることを祈っております。

大道具の絵の具の色、絵の描き方、歌舞伎における照明のありかたなど、他の劇場にないものを歌舞伎座はいっぱい持っているからです。

その意味でもプラス思考の三年間であってほしいと思います。

いずれにしても、これからも歌舞伎のことをよろしくお願い申し上げます」

この励ましに応えなければと思ったのを覚えている。

私が東京新聞の劇評を務めたのは、平成二十六年の十二月まで。およそ四年半に渡る仕事となった。このメールにもあるように、勘三郎、三津五郎とは緊張した関係に入ることになった。公演が終わってから書店に並ぶ雑誌と、公演中に掲載される新聞劇評では、意味が違う。生身を舞台でさらす役者にとって、新聞劇評は、その字数が短く、批判も充分な根拠が示せないだけに、身に応えるのだろうと思う。私は劇評家としての充実を感じると同時に、ある種の淋しさもまた引き受けることになった。

私信というべきメールを公開するのは、礼にもとるかもしれない。けれど、勘三郎、三津五郎と私は、メールからもわかるように、公人としての色彩が強い。

書簡と異なり、デジタルデータのメールは、私がこの世を去れば消え去るだろう。以降はふたりのプライバシーを尊重しつつ、役者と批評家のやりとりを後世に残したいと思う。

**おびただしい汗、小劇場の勘三郎**

平成二十二年の後半、歌舞伎座が閉場してからも、勘三郎、八面六臂の活躍が目を引く。勘三郎は、六月、シアターコクーンで『佐倉義民伝』の宗吾を演じた。続く七月には、赤坂ACTシアターで映画監督の山田洋次補綴による『人情噺文七元結』を勤める。この舞台は、シネマ歌舞伎として山田監督により映画として記録されている。

また、九月には野田秀樹作・演出の『表に出ろいっ！』で、野田秀樹とはじめて同じ舞台に立った。しかも、歌舞伎座や新橋演舞場のような客席が千を超える大劇場ではなく、舞台と客席が一体となった東京芸術劇場小ホール1で、標準の客席は三百に過ぎない。大劇場での芝居に慣れてきた勘三郎にとって、独自の演技術で現代演劇を席巻してきた野田秀樹との共演は、また別のプレッシャーがかかっていただろうと思う。

この夏も酷暑だった。うだるような熱気が東京を包んでいた。七月新橋演舞場で『暫』の鹿島入道震斎を勤めた三津五郎からは、「暑すぎて『暫』の衣裳を着る前の絶望感が日に日に増しています……(笑)」との連絡があるほどだった。

八月二十六日、通し稽古に入ったと聞いて、『曾根崎心中』の打ち合わせのために、東京芸術劇場を訪ねた。野田秀樹が近松門左衛門の原作を脚色し、デヴィッド・ルヴォーが演出する企画だった。勘三郎、菊之助が、それぞれ徳兵衛、お初を勤める予定である。芸術劇場のスタッフやNODA MAPプロデューサーの鈴木弘之と具体的なスケジュールについて詰めた。現実にはこの企画は勘三郎の急逝によって、のちに断念することになった。その経緯は『菊之助の礼儀』に書いたので、興味のある方はそちらを当っていただきたい。

打ち合わせの後、『表に出ろいっ!』の通しを見た。まるでボクシングやプロレスのリングを模したかのような堀尾幸男の装置は、極彩色で、しかも舞台後方が高くなった「八百屋」という形式を取っている。特に前半はドタバタ喜劇のように身体をフルに使って笑いを取る。

勘三郎はおびただしい汗を流しながら、この役に懸命に取り組んでいた。圧巻は舞台奥の階段を転がり落ちる件りで、こんな場面を作って大丈夫なのか心配になった。稽古が終わってから装置の堀尾に聞くと「いや、あれはウレタンの階段だから大丈夫」との言葉に一安心をした。

後半は一転して、勘三郎のお能の家の宗家、野田の妻、黒木華と太田緑ロランス（ダブルキャスト）の娘が、防音された家に閉じ込められ、水さえも飲めないという状況になる。

この芝居で扱われているのは、スーパーや冷蔵庫には物が溢れているのに、偶発的に起こった飢餓状況である。しかし、この飢餓とは、物質的な物だけではない。これまで気がつかなかっただけで、三人の家族は、いや私たちは、「この世の終わりを、自分の家で、自分の家族と、静かに語り合って過ごしたいか」という直截な疑問を突きつけられた。舞台に引きつけていえば、勘三郎が生涯を賭して全力を傾けてきたエンターテインメントの本質について考えさせられた。

支度が終わって、勘三郎、野田、菊之助、私の四人で楽屋口からタクシーに乗った。途中、雑司ヶ谷墓地を通った。そこには六代目菊五郎の墓がある。六代目の月命日には、菊五郎家、勘三郎家はお参りを欠かさないという。そんなことをぼんやり考えながら、車窓から眺めていた。外はうだるような暑さだった。

十月、十一月の二ヶ月は、大阪で平成中村座を勤めた、十月は『封印切』の忠兵衛、『俊寛』の俊寛、『太閤桜』の足軽猿若の三役。十一月は『法界坊』の法界坊、『夏祭』の団七の二役。いずれも大役の連続で、昼夜ほぼ出ずっぱりである。全力を賭しての舞台が続いていた。

## 長い間の苦労の蓄積

勘三郎は、その暮れの十一月公演中から体調に変調を来すようになった。千穐楽を迎えたが、十一月二十八日には、名古屋御園座で、十七代目勘三郎の二十三回忌追善舞踊会が控えていた。過酷な二ヶ月の終わりにも、踊りの会を入れている。心身の疲労はいかほどだったろう。十二月、海外旅行中に体調不良となり、急遽帰国。発熱と耳鳴りが治まらず「突発性両側性感音難聴」と診断されしばらく休養に入った。二月の新橋演舞場、三月の博多座も休演。五月復帰をめどにしたいとの発表であった。

伝えきけば、気力がなくなり、外へも出たくない、他人に会いたくない日々のようで、「散歩や自転車でもいかがでしょうか」とメールを書こうと思ったが、安易に励ましたりするのも病状にはよくないと聞いた。折々の様子はそれとなく伝わってきたが、見舞いもならず、時間ばかりが経過していった。

三津五郎と話す機会もあった。

「僕は一月に一日だけ坂東流の大会を開きますよね。それだけでももうプレッシャーで大変です。くたくたになる。哲明さんは、それを毎月ずっと、何十年もやっているようなものだからね。それは大変ですよ」

芯に立つ役者がプロデューサーを兼ねるとき、本当に細かなところまで気を配りつつ、自分自身でひとつひとつ決定しなければならない。舞踊会と歌舞伎の興行は違うけれど、私も同意見だった。だれもが勘三郎の持つパワーに頼っていた。私も例外ではない。困難な調整などを勘三郎に任せっきりにしていた。そんな苦労が、長い間に蓄積していったのだろう。

病いの中、救いもあった。二月二十二日には、長男勘太郎と愛夫人の間に、初孫の七緒八が誕生している。どれほどの喜びだったろう。

六月には、コクーン歌舞伎『盟三五大切』で大詰の大星由良之助に声の出演を果たした。七月は二日間ではあるが、まつもと市民芸術館で『身替座禅』の山蔭右京を勤めた。一時間弱の舞台を切り抜けたと聞いたが、体調が案じられた。

いずれにしろ、勘三郎の本格的な舞台復帰は、この年の九月、大阪新歌舞伎座を待たなければならなかった。十二月から八月まで。勘三郎にとっては初舞台以来、はじめての長期休養となったのである。

# 二十七、名人への道

## 三津五郎五十五歳

一方、三津五郎はこの世代を代表する立役として、名人への道を着実に歩んでいた。

一月の新橋演舞場では、『寿曾我対面』の五郎時致が圧巻だった。『対面』は頻繁に上演される曾我物の人気演目だけれど、まぎれもなく骨法正しき荒事である。「怒」の一字が肚にあり、圧倒的な力感がみなぎる。高い調子の台詞回しで、幼心がつねに強調される。対になるのは十郎祐成の中村梅玉、受け止めるのは工藤祐経の吉右衛門。三代目中村歌昇（現・三代目又五郎）の朝比奈、五代目中村歌六の新左衛門。吉右衛門を中心とした実力者揃いの一座に入っても、劣ることなく、大きさを示した。三津五郎は、十代目襲名を記念した『十代目坂東三津五郎』でも表紙に『対面』の五郎の写真を使っている。そんなところからも、この役に対するこだわりがわかる。正月の晴れの舞台、大一座で五郎を勤める高揚感が伝わってきた。

夜の部の切りは、四世鶴屋南北の趣向の芝居『浮世《うきよ》柄比翼稲妻《づかひよくのいなずま》』の「山三《さんざ》浪宅《ろうたく》の場」。

水浅黄の地に、雨と濡れ燕の柄の伊達小袖。いかにも粋に吉原を流す稀代の色男名古屋山三が、実は家に帰ると裏店で逼塞《ひっそく》している。どんなぼろ屋でも、山三がいるだけでその場が光り輝くという趣向だが、三津五郎はすでに五十五歳。けれど藝の力で稀代の色男に見えた。技藝の充実があって、三津五郎の大きさ、山三の色男ぶりが舞台に広がっている。その力量はもはや明らかだった。

三月十一日、午後二時四十六分。日本を未曾有の大震災が襲った。東日本大震災である。私は千葉県新浦安の自宅におり、外に飛び出ると地面に亀裂が入り、電信柱や交番が沈没するとともに大きく傾く光景に立ち会った。ライフラインは完全に途絶し、トイレの水を流すのにも苦労がいった。町中のスーパー、自動販売機から真水が消えて、パンも店頭から払底した。風呂などは夢のまた夢であった。私は関東圏内に住みながら、リアルな被災者となったのである。

外資系企業に勤める友人が本国に呼び出されたので青山のマンションが空いた。「しばらく使っていいよ」との言葉に甘えて住んだが、いつまでも好意に頼っているわけにはいかない。三月の終わりには文京区の本郷に転居を決めた。転居の知らせは勘三郎、三津五郎にも送ったが、返事が返ってきたのは三津五郎だけだった。勘三郎は病中で返事を返す余裕がなかったのがよくわかった。三津五郎の返信は、四月十二日付になっている。

「お知らせいただいておきながら連絡遅れて申しわけございません。

浦安大変でしたね。怖い思いをされたと思います。

私は震災のわずか五日前に松島の海の前のホテルで、坂東流東北支部の講習会を行っておりましたので、とても他人事とは思えません。

その後の原発の問題や余震の連続、福島県ほか東北の皆様のことを考えると本当に胸が痛みます。松竹、我々役者一体となった歌舞伎界が、何も行動を起こせずにいるのがもどかしいです。

東京新聞拝読しました。今月は結城のおばさん、大阪商人、加藤清正、江戸の駕籠かき、と国籍不明の十一時間勤務です(笑)。

きのうも余震で強く揺れました。あと半月、無事に終わることを祈っています」

事態がどう動いていくか、だれもわからない。そんな切迫感がこのメールからも伝わってくる。また、公人としての責任感も強く感じられる。

東京新聞の歌舞伎評は、震災前にすでに渡してあった。そのため震災が起こった翌日に掲載された。新橋演舞場の公演は、三月十一日は芝居の途中で幕を下ろし、次の日は休演。

翌々日には再開した。三津五郎が触れている舞台は、四月の新橋演舞場の公演である。役名をあえて書かず、『お江戸みやげ』のお辻を「結城（紬売り）のおばさん」、『封印切』の八右衛門を「大阪商人」、『絵本太功記』の正清を、モデルとした「加藤清正」、『権三と助十』の権三を「江戸の駕籠かき」と書いている。余震が続き、歌舞伎の将来が見えない困難な時期でも、笑いを忘れず、さりげなく私をいたわってくれる気持ちが伝わってきた。

『封印切』は、藤十郎の忠兵衛に扇雀の梅川。そして、三津五郎の八右衛門の配役である。江戸の役者だけに、上方の言葉で忠兵衛を追い詰める八右衛門の役は、容易ではなかったろう。三津五郎は、「近松の『封印切』を核とした新作、蜷川幸雄演出、秋元松代作の『近松心中物語』をやったおかげですね」といっていたが、上方の言葉も堂にいっていた。言葉も態度も上方の敵役らしい八右衛門であった。

これまで八右衛門を持ち役にしていた五代目片岡我當もいいが、三津五郎の方が、理に詰んでいるだけ憎々しい。この責め苦には、忠兵衛ならずとも、あまりの屈辱に、大事な公金の封印を切ってしまうだろうと思わせた。身体のこなしはほとんどなく、台詞だけで押していく芝居。自在に芝居を運んでいく藤十郎を相手に堂々たる舞台で、またしても役者としての充実振りを見せつけたのだった。

六月は天王洲銀河劇場で、アメリカの劇作家デヴィッド・マメットがセールスマン同士の葛藤を描いた『G・G・R グレンギャリー・グレン・ロス』（青山真治演出）のシェリー・レヴィーン役を主演。こうした翻訳劇では様式的な演技を排して、歌舞伎役者の匂いを消していく賢さと技巧があった。七月は大阪松竹座で、仁左衛門中心の一座に加わっている。

十月は、名古屋御園座で、三代目又五郎・四代目歌昇襲名披露の公演に加わった。この月、私は静岡県舞台芸術センターの芸術総監督で演出家の宮城聰の依頼を受け、三津五郎と連絡をとっていた。十月八日。平成二十四年の十月十九日から十一月五日まで静岡芸術劇場で、フランスの劇作家モリエール原作の『タルチュフ』を宮城と共同演出・主演してくれないかという依頼であった。

本来、宮城の依頼は、三津五郎の単独演出、タイトルロールの主演であった。その前に三津五郎と私のあいだで電話でやりとりがあり「フランスの劇作の演出なんて、おこがましくてできませんよ」とあったので、宮城と相談して名古屋に三津五郎を訪ね、当日渡す企画書には、三津五郎・宮城との共同演出とした。

歌舞伎の世界ではその実力は、もとより認められていたが、現代演劇のしかも前衛的な作風の演出家が、三津五郎を当時高く評価していたことがよくわかる。

結果的には、この企画は実現しなかった。稽古、本番が予定されている平成二十四年には、こまつ座の井上ひさし作『芭蕉通夜舟』の公演が既に決っていた。「歌舞伎俳優として、歌舞伎以外の公演が何ヶ月も続くわけにはいかないんです」と丁重な断りであった。もし、もう少し時期がずれていれば、この大胆不敵な企画が実現し、三津五郎のタルチュフが見られたかもしれない。宮城はこの企画が実現できずに残念だったろうが、平成二十六年七月には、フランスのアヴィニョン演劇祭で『マハーバーラタ』を演出し成功させている。

## 三津五郎時代の到来

三津五郎の快進撃は続く。

十一月の新橋演舞場は、七代目梅幸の十七回忌、二代目松緑の二十三回忌追善だった。菊五郎劇団総出演の大きな舞台だが、三津五郎は『傾城反魂香』の又平、『魚屋宗五郎』の磯部主計之助、『外郎売《ういろううり》』の工藤（祐経）、『髪結新三』の家主長兵衛と、芯となる役、重要な相手役を与えられている。三津五郎中心の一座や、勘三郎と三津五郎ふたりの納涼歌舞伎ではなく、演劇界保守本流というべき菊五郎劇団の追善公演でも自分の出し物が出せる役者となっていた。

『傾城反魂香』は、土佐の名字を名乗ることを許されたい、そんな切実な市井の絵師を描く。しかも主人公の又平は吃音で、思うところを流暢に訴えることができない。そのかわりに師匠になんとか許されたいと願い出る女房おとく（時蔵）のしゃべりとは対照的に、吃音の又平は、ほとんど無言である。無言ではあるが、心の照り曇りが克明に伝わってきた。言葉によらず、顔と身体の表情が物語る力をそなえていた。

『髪結新三』の家主長兵衛も、ごろつきの新三をねじふせる。菊五郎を相手に一歩も引かない。役者としての充実振りがいよいよ高まってきた。

この年も、舞踊はもとより、世話物、時代物、荒事、加えて翻訳劇と、すべてに結果を出した。もはや、向かうところ敵なし。三津五郎時代の到来を思わせた一年だった。

# 二十八、見納め

**勘三郎五十六歳**
**三津五郎五十五歳**

平成二十三年の八月二十九日、平成中村座のロングラン公演の記者会見が行われた。記者会見には、共演も多く、勘三郎にとっては頼れる兄であった仁左衛門も同席して、十一月から翌年五月までのロングランについて語った。

体調が万全ではないにも関わらず、休んでばかりはいられないのが役者の宿命だった。この席で勘三郎は自宅療養中に「三月十一日に大震災が起きて、何もできないもどかしさで気持ちの浮き沈みも激しかった」と明かしている。元気であれば、自分が先頭にたって救援やチャリティを行いたい、それが体調のためにままならない無念さが感じられた。休養前の勘三郎からは想像もつかない弱気な発言が目立った。

「不安ですよ。勤まればいいとだけ思っています」「ぼちぼち（舞台に）出られるようになった。ロングランに体がついていくようにちょこっとずつやっていきたい」。

子役時代から天才と呼ばれ、歌舞伎をやるために生まれてきた男が弱音を吐いている。私は胸が痛くなった。

翌々月の十月十日に、勘三郎は岳父七代目中村芝翫を亡くしている。享年、八十三。日本俳優協会会長であり、祖父六代目菊五郎の側で修業を積んだ芝翫は、勘三郎の後ろ盾であった。また、ふたりの息子、勘太郎、七之助を教え、導いていた。秋の風は勘三郎に冷たく感じられたろう。

やがて平成中村座のロングラン公演がはじまった。十一月は『お祭り』の鳶頭と『沼津』の平作。十二月は、『寺子屋』の松王丸と『松浦の太鼓』の松浦侯。冬の平成中村座の環境は過酷だ。仮設劇場だけに暖房が行き届かず、楽屋での体調管理は、健康な役者でさえもむずかしい。十二月、喉が強いと本人も自信を持っていた菊之助が、声をからしてしまったのを覚えている。

初日を見て勘三郎に「結構な松王丸でした」と題する感想をやはりメールで送った。

「有り難うね。これ決めたの元気なときだったからね。未だ未だですが、何とかやってます。かずやす（菊之助）も日にちかかるがやれるようになるでしょうが、源蔵は難しいね、桜丸は立派、墨染も良い、源吾も大丈夫です」

勘三郎のメールで他の役者に対する評が入るのはめずらしい。

「やっと、こんなのが、できる年になったかなと言う感じです。かずやすにも気持ちよくやる感じを教えています。勘太郎は播磨やが手取り足取りです」

文面から、勘太郎は『関の扉』の関守、実は黒主を吉右衛門（播磨屋）に教わり懇切な指導を受けているとわかる。

一月は『身替座禅』の山蔭右京と『対面』の十郎。十二月の松王丸をのぞけば手慣れた役で、復帰はしたものの試運転の段階だとわかる。一月七日に「昼の部を拝見しました。肩の力が抜けて作りすぎずとても愛らしい右京で、素晴らしい！　明日は夜の部です。楽しみにしています」とメールを打つと、「有り難うございます！　やっと何もしないで出来るようになりました。精進します。昨日下谷万年町見てきました。やはり唐さん凄いね」とすぐに返事が来た。

体調は万全とは言えないものの、自在な藝境であった。

『下谷万年町物語』は、唐十郎作、蜷川幸雄演出、シアターコクーンで上演された舞台である。この作品のヒロイン、キティ・瓢田は宮沢りえが演じていた。

この頃からは、特に勘太郎、七之助の芝居について感想をメールで送ると、直ぐに返事が返ってくるようになった。勘三郎の回復振りがわかった。一月三日新春の言葉。

「今年は喪中だからおめでとうは言えないんですけど、宜しくお願いします。先月どうやらこうやら出来ました。かずやす（菊之助）も日に日に源蔵よくなりましたよ。

私も少しずつではありますが、確実に良くなっております」

最後の一行は、役についてではなく、体調がよくなっているのだと私は受け取った。

二月は平成中村座を閉めて、新橋演舞場で勘太郎が六代目勘九郎を襲名した。長男に自分が長年かけて大きくしてきた名跡を譲り渡す。この仕事を自分の手で成し遂げたのはなによりだったと今になって思う。

三津五郎との同座はこれが最後になった。本興行ではなんと六十五回同座し、狂言でいえば百九回ふたりは同じ舞台を踏んだことになる。

最後の演目は『土蜘』。勘九郎の僧智籌《ちちゅう》のちの土蜘の精に、勘三郎が番卒藤内、三津五郎が源頼光を演じて、勘九郎の困難な挑戦を支えた。気配を消して花道の七三に現れた勘九郎の僧智籌は、頼光の平癒を祈るが、土霊が登場したかと思われるほどの凄みがあった。古怪な味もあり、こうした藝風は、勘三郎にはないものだった。頼もしい限りで、勘三郎も長男の成長に安堵しただろうと思う。藝に厳しい人だったから、本人を直接褒めることはなかったろうけれど。

二月の芝居で舞台から客席へ手拭を撒いた。このときふっと目が合って、勘三郎が私に向かって手拭を放ってくれたのがわかった。この月は、自分よりも、勘九郎の出来が心配だったのだろう。めずらしく勘三郎のほうから問い合わせのメールが来た。

「二日間ありがとうございました。いかがでしたか？」

「手拭ありがとうございます。隣の（評論家の）上村（以和於）さんが二枚拾って、一枚くださいました」

「手拭、良かったです。

勘九郎も、一歩一歩努力しますから、末永く宜しくお願いします。親バカですが、鏡獅子も、僕の30歳より良いと思います。

僕も、身代《ママ》わりとか鏡獅子もようやくですからそれにしても、歌舞伎はむずかしい。鈴ヶ森にしても、若いときが良さそうな、そうはいきませんものね。久しぶりの吉さんとの共演楽しいです」

勘九郎を思いやる気持ちが、すっと伝わってくる。吉さんとは吉右衛門のこと。この月、久しぶりに『御存鈴ヶ森』で吉右衛門の幡随院長兵衛、勘三郎の白井権八で共演したのが話題となった。筋らしい筋はなく、長兵衛の侠客としての貫禄、権八の瑞々しい若衆ぶりを台詞回しと身体のこなしで見せていく芝居である。

白井権八は十代の役でありながら、十代、二十代の役者がやってもさまにはならない。むしろ五十過ぎてからの方が若々しい色気が出る。晩年の芝翫が権八を勤めたときの舞台姿が忘れられない。鶸《ひわ》色の着附、紅絹の紐附（股引）が今でも目に焼き付いている。歌舞伎の不思議である。

幕切れ、長兵衛が権八に、追いはぎ達を「斬っておしまいなさい」と言って捨てるときの音のすばらしさ。それを受けた勘三郎のなんとも色気のある愁い。まさしく現代歌舞伎の頂点を示した一幕で、今も勘三郎の柔らかな身体が忘れられない。

吉右衛門と勘三郎の姓は同じ「波野」。吉右衛門は初代吉右衛門の養子、勘三郎は従弟にあたる。近しい親戚にもかかわらず、長く舞台をともにしなかった。二人のあいだを案じたのか、勘太郎が平成二十二年の一月、浅草公会堂で『奥州安達原　袖萩祭文《そではぎさいもん》』を出したときに、吉右衛門に教えを乞うた。それをきっかけに吉右衛門と勘三郎の仲が急速に回復したと聞いた。一月の平成中村座でも『関の扉』で勘太郎は吉右衛門に教えを受けていた。

「『助六』の出でも、播磨屋がね、声をかけてくれるんですよ。うれしくってね。いや、僕はね、播磨屋の藝についてては悪口なんてひとっこともいったことありませんよ」

急に親しさを強調し、弁解したりするのを雑談のときにほほえましく聞いた。邪気のない勘三郎がいた。

もう、ひとつ蛇足ながら挿話を付け加える。

何かの折に、勘三郎と顔の話になった。まだ体調を崩す前のことである。

「なんだか十七代目にこの頃、似てきていませんか」

「いや、それがね、テレビにでていたら、ほら自分の前にモニターがあるでしょ。ふっとみたら親父（十七代目）が映っているんですよ。記録映像を流しているんだと思ったら、よくみると自分ですよ。びっくりしましたよ」

「勘太郎さんは、〝勘九郎さん〟に似てきましたね」

「そうそう、雅行（勘太郎）が勘九郎そっくりなんだ」

息子の襲名を喜ぶ気持ちがまっすぐに伝わってきた。

六代目勘九郎襲名披露は、三月は平成中村座へ場を移した。勘三郎の演目は『雪達磨』

の雪達磨と『傾城反魂香』のおとく。四月は、『法界坊』の法界坊と『小笠原騒動』の小笠原遠江守。ロングラン最後の月となる五月は、『め組の喧嘩』の辰五郎、『髪結新三』の新三。口上を含む『志賀山三番叟《しがやまさんばそう》』では、古参の弟子、中村屋三代に仕えた小山三とともに、ふたりで口上を述べた。口上というと幹部が勢揃いで舞台を埋めるのが習いである。もちろん勘三郎襲名のときも、六代目勘九郎の襲名も慣例に従ったが、このときは、中村屋を十七代目からずっと支えてくれた小山三とたったふたりの口上だった。きわめて異例ではあるけれども、小山三の献身に対する感謝の気持ちがあふれた気持ちのいい口上だった。

また、二十八日の千穐楽のカーテンコールには、正式に初お目見得とは名乗らなかったが、六代目勘九郎の長男、孫の七緒八の手を引いて舞台に出た。小山三は七緒八を含めると四代に仕えたことになるのだろうか。

**やっとこさ、良くなりましたよ**

四月七日に受信したメールには、よろこびが溢れている。

「やっとこさ、良くなりましたよ。有り難うございます。五月浅草でたべましょう」

翌五月は七日が招待日だった。「昼夜通して観ますよ」と連絡を入れるとすぐに返事があった。

「新三もですが、めぐみ《ママ》やっぱり中村座（に）似合ってましたし、六代目の覚え書きためになりましたし、装置も、大正の市村座のやつだし、喜三郎の家の六代目の音源に助けられたり毎日わくわくしてます。新三も出を原作通りに改めました」

覚え書きとは、小山三が家に保存していた六代目菊五郎の書き込みのある資料を指す。なかには『め組の喧嘩』の型もあり、五代目菊五郎と十五代目羽左衛門の比較もあると、五月平成中村座の筋書で、勘三郎自身が話している。喜三郎の家とは「喜三郎内の場」のこと。数寄屋河岸の喜三郎を訪ねた辰五郎が、仕事で身延山へ行くといってさりげなく暇乞いをする。『め組の喧嘩』のなかでは、じっくり芝居を見せる場だが、六代目の肉声が入った音源が見つかったという知らせだった。

もっとも、この短いメールだけでは詳細はわかるわけもなく、私は筋書を読んで初めて何のことかわかった。そんな性急な一面もあった。この件りに続いて一行あけて、誘いの文句が続いていた。

「明後日、終わってからお茶子さんの会に顔を出して野田の芝居見てその後ちょっと飲みますが、行きませんか？」

野田は水天宮ピットで『THE BEE』を上演中だった。観劇のあと飲みにいこうというのである。久しぶりの誘いで、勘三郎がすっかり元気になっているのがわかった。

まさか、五月七日の平成中村座が、私が見た勘三郎最後の舞台になるとは思ってもいなかった。この至福のときが、毎月、永遠に続くかのように私は思い込んでいた。

こうして十八代目勘三郎のプロデュースによる平成中村座は幕を閉じた。

## 三津五郎の意地

実は、『踊りの愉しみ』を取材しているとき、正式の場ではなく、タクシーの中だったと思うが、あまり深く考えず、日頃ひっかかっていたことが頭に浮かび、三津五郎に訊ねたことがある。仁左衛門や菊之助が平成中村座に出演することは、すでに決まっていた。

「なんで三津五郎さんは、平成中村座へ出ないの」

「それは守田座の座元の家に生まれた意地ですよ」

声を荒げることはなかった。淡々といって、それ以上は語らなかった。それほど取り付くしまがなかったといってもいい。考えもなしに無礼なことを口にしてしまった。勘三郎と三津五郎。ふたりが盟友であることと、好敵手であることは矛盾しない。ふたりは本気で、競いあって生きてきたのだ。すべてを賭けて、競いあって生きてきたのだ。その葛藤は、彼らのこころのうちにあって、だれにもわからない。

五月九日、中央区の都立日本橋高校の旧校舎を転用した水天宮ピットで筒井康隆原作、野田秀樹&コリン・ティーバン共同脚本、野田秀樹演出の『THE BEE』が上演されていた。平成十八年にロンドンで初演された舞台の日本人キャストによるヴァージョンで、宮沢りえ、池田成志、近藤良平、野田秀樹の出演。制作に無理をいったが急なことで切符の手配がつかない。勘三郎には、「終演後合流しますよ」とメールを打った。「待っています。久し振りにやりましょう！」。元気いっぱいである。現地にいったが、早く着いたために、終演をひとりぽつねんと待つ不思議な次第となった。

野田の楽屋は、終演後いつも歓談の場となる。缶ビールと魚肉ソーセージが配られ、たいてい一時間は関係者で話し込むならいだった。古田敦也、中井美穂夫妻、野田の高校時代の同級生、朝日新聞の記者らと、出演者を囲んだが、この日はなんといっても勘三郎が主役だった。

「もう、本当に元気になりました。ありがとう。ご心配掛けました。最初、診てもらった医者がひどいやつでね、『引退しろ』っていうんですよ。気持ちが弱る病気だからね、これはもうショックを受けました。それがね、（医師の）見た目がこの人（野田）そっくりなんですよ」

みんなを安心させ、そして笑わせた。まるで野田の楽屋ではなく、勘三郎の楽屋であるかのような雰囲気だった。

「まあ、元気になったらいえるけどね、テレビのドキュメントを観たけど、あんなきれいごとじゃなかったね」

野田が毒舌を吐いたが、勘三郎は意に介さない。元気で芝居が出来て、仲間と騒げるのがうれしくてたまらない様子だった。

しばらくして席を移して、大宴会になった。かつて世話になったスタッフへのいたわり、勘三郎の出現に驚いた店主の求めにサインをしたりと大サービスで、いつもの勘三郎が戻ってきたと、私も柄になくはしゃいだ。

勘三郎は四月の歌舞伎座で上演された若手花形中心の『仮名手本忠臣蔵』について、辛辣な評言を矢のように繰り出した。ましなのは少数の何人か、歌舞伎になっていないというのである。後輩をくさしているだけではない。歌舞伎の未来を心底から案じているのがわかった。次の時代は相当厳しいと実感しているように思われた。

夜も更けて店の前からタクシーを拾った。勘三郎、野田の順に乗せたが、まさかこれが最後の別れになるとは思ってもいなかった。

「本当に楽しかった!! 健康がこんなに素晴らしいことは、病気しないとわかりませんね」

翌日十日の十一時五十七分に受け取ったメールを読み、私は復調した勘三郎が、歌舞伎界を率いていくのだと信じ、安心していた。

この月は、大阪松竹座で團菊祭が開かれていた。三津五郎は『封印切』の八右衛門と『ゆうれい貸屋』の桶屋弥六に出ていた。八右衛門は二度目。大阪での上演なので、大阪弁のイントネーションに細かく気を配っていたのがよくわかり、『ゆうれい貸屋』の桶屋弥六も自在に演じて、新作歌舞伎を今これほど自然に楽しく演じられるのは、三津五郎だなとひとり合点した。四日、五日の一泊二日で大阪に行ったが、いつでも会えると思っていたので、特に連絡もせず、そのまま帰って来てしまった。

## 食道がんを公表

六月になり事態は暗転する。十八日に記者会見が開かれ、勘三郎が食道がんであると公表された。病状を訊ねるメールを書いたが返事はなかった。ただ、案じるばかりで時が過ぎた。

ところが、七月二十六日の午後七時十八分にメールが入った。

「ありがとう御座います。皆さんに応援してくださって、癌晴れます☀」

短いメールだったが、癌の一字が矢のように目に突き刺さった。すぐに携帯が鳴って本人が出た。意外に元気な口調で、

「明日手術しますよ。こんなことになるとは思わなかった。勘九郎と七之助をね、くれぐれもお願いしますよ」

ひたすら息子たちの将来を気遣っていた。

しばらく話をして電話を切った。聞き合わせるとこの日、多くの関係者にこうしたメールや電話、また代筆ではあるが手紙を出していたようだ。手術後の不安もあったろうが、何より勘三郎自身が早くに十七代目を失っているだけに、息子たちの今後が気になってならなかったのだろう。胸が痛んだ。

# 二十九、名人の舞台

## 三津五郎五十六歳

勘三郎とのやりとりを受けて、私は三津五郎にメールを打っている。

「ご無沙汰しています。哲明さんから手術前に電話やメールをいただいたのですが、予後が心配でなりません。

ところで八月二十二日国立の舞踊会ですが、満員御礼のようで気が引けるのですが、見せて頂けませんでしょうか。流星と喜撰を同じ日に観られるなんて、なんてぜいたくなことでしょうか。

よろしくお願いいたします」

二十二日、三宅坂の国立劇場で舞踊会が開かれる予定だった。

「芸の真髄シリーズ　第六回　江戸ゆかりの家の芸」と題した企画で、坂東流の踊りに焦点を合わせた企画だった。

番組は、一、長唄『楠公《なんこう》』、二、長唄『大江戸両国花火』、三、清元『流星』、四、『喜

撰』とある。三津五郎は、『楠公』を紋付き袴の素踊りでひとり踊り、『流星』からは衣装付。歌舞伎の舞台そのままの衣裳、装置で踊った。『流星』は、流星が三津五郎、牽牛が巳之助、織姫が二代目尾上右近。さらに『喜撰』では、菊之助のお梶を相手に、喜撰法師を踊った。

動と静が一体になって、心と身体が端正に調和していた。雑味がなく、ひたすら透き通ったような後味が残る。いずれもすばらしい出来で、ついに名人と呼んでだれはばからぬ藝境に達したと感じた。

終演後のロビーは興奮のるつぼだった。勤務先の大学で日舞を専攻する学生たちと、熱にうかされたように話したのを覚えている。舞踊の会で、あれほどまでに高揚したのは私にとってはじめてだった。坂東流の家元としてはもちろん、これからの歌舞伎舞踊は、三津五郎がリードしていくのだ。そう舞台は告げていた。

『楠公』の端正、『流星』の諧謔、『喜撰』の洒脱。いずれもすばらしいが、なかでも家の藝の内でももっとも大切にしてきた『喜撰』がすぐれていた。京の桜にいっとき心を遊ばせる法師の自在な心境が、三津五郎の人生と重なった。

この月、三津五郎は、井上ひさし作のひとり芝居『芭蕉通夜舟』の舞台に出ていた。現代演劇の身体と古典舞踊の身体には隔たりがあるにもかかわらず、この舞踊会一日限りは、まっすぐに舞踊家となった。これまでの血が滲むような修業がなければ、達することのできない境地だと思った。

勘三郎から三津五郎へ『芭蕉通夜舟』を気遣うメールが届いたと弔辞にあった。だとすれば、この「芸の真髄」の舞台も、おそらく勘三郎は観ることはできなかったのだろう。

**答えはまだおりてきません……**

勘三郎が亡くなったのは、十二月五日。

十一日の葬儀が終わったあとに、私は三津五郎にメールを送った。友を送る弔辞を聞いて、送らずにはいられなかった。

「今日の葬儀は、雲一つない晴天でした。亡くなった日は、遠慮しましたが、地に足が着いていないない毎日を過ごしていたような気がします。

昨夜の通夜、今日の葬儀に出て、

少し落ち着きました。

三津五郎さんもよきライバルを喪って、

さぞお力落としと思います。

また、落ち着いたらお目にかかりたいと思っています。

取り急ぎ」

三津五郎の返信は、十二日午前零時三十九分になっている。

「幼い時から切磋琢磨してお互いに競ってきました。

二十代の頃までは発表の機会もなくあがき、三十代からは数々の舞台を一緒に作ってきました。

その苦労を共有したことで、誰にもわからない二人だけの会話、藝の世界を築きあげてきたと思っています。

峠の萬歳、夕顔棚、靭猿、そろそろやろうねと話していました。

三社祭、勢獅子、身替座禅、棒しばり、茶壺、寺子屋、熊谷、新三、らくだ、権三と助十、鼠小僧、もう二度と一緒にやれないかと思うと、人生の半分をもぎ取られたような、何とも埋めようのない喪失感に襲われています。

さらに彼の業績を語る時、各社こぞってコクーン歌舞伎、平成中村座と持ち上げますが、彼はそんな初心者的なものではなく、歌舞伎の藝の真髄を伝えるべき本当の意味での歌舞伎役者としての凄みを持っていた人なので、そこをもっと評価される晩年を迎えて欲しかったです。そのための苦労ならどんな苦労でも一緒にいとわない覚悟だったのに……。今この時期に、彼を天に召す宇宙意思とは何だったのか……、それを問い続けておりますが、答えはまだおりてきません……」

これからだったのに。本格へ進み、十七代目を乗り越えるのは、これからだったのに。

私も返事を返した。

「確かに勘三郎さんは、過激な古典主義者だったと思います。過激なだけに古典のみならず、新しい創造にも駆り立てられていたのかもしれません。

私もいずれは、勘三郎さんは、古典に帰るのだろうと思っていました。その結果、その舞台を観ることが出来ないのが、残念です。本当に残念です。

舞踊だけではなく、三津五郎さんと共演する舞台をもっともっと観たかったです。

なぜ今なのか、なぜ逝ってしまったのか無念です。

歌舞伎座の再開場は、あっという間にやってきます。

危機にある歌舞伎を、私なりに、盛り立てていかなければと思っています。

また、お目にかかる機会が持てれば、うれしく思います」

勘三郎の葬儀の翌日にあたる十二日、十時十分の返信だった。

私自身も新聞や通信社に求められ、追悼文を書いたが、メールでは裃を脱いで、三津五郎に語りかけている。

# 三十、歌舞伎座新開場

## 三津五郎五十七歳

歌舞伎座が新開場して間もない四月六日の土曜日、真新しい楽屋に三津五郎を訪ねた。雨交じりだったが、気分はすがすがしい。雑誌『演劇界』の取材のためで、編集者の大木夏子と同行した。楽屋口から頭取部屋を右に見て、二階に上がる。三津五郎は、巳之助と鏡台を並べて、私たちを迎えてくれた。

「廊下も広く一新されて新鮮です。今までの楽屋の面影もなく、ここにいると『ああ新しい劇場なのだ』と実感するんですが、ひとたび舞台に出て客席を眺めると、元の歌舞伎座に戻ったような気がします。新しい空間に身をおいているときめきよりも、むしろ懐かしいという感じでしょうか。照明も音響も克明にデータを取って、なるべく変わらないように再現している。だから復元に近いのかな」(『演劇界』平成二十五年七月号、以下同)

柿葺落の四月はまず第一部の『お祭り』で鳶頭鶴吉を勤めている。「十八世中村勘三郎に捧ぐ」と副題のついた一幕。前年十二月に急逝した勘三郎と多く一座してきた役者が勢揃いして、鳶頭、芸者、手古舞などとなって、賑やかに踊る。江戸の粋を凝縮したような変化舞踊である。初日から勘三郎の孫の七緒八が手を引かれて出て話題となった。

「あくまで『捧ぐ』で『追善』ではないので、湿っぽくならないように、思いっきり明るく、賑やかに、華やかにという気持ちで出ています。ただ、毎日、七緒八君が自分の足で歩いて出てくる、あの光景を見ているとじんとくる。(勘三郎に)新しい歌舞伎座に立たせてあげたかったというよりも、自分の孫が花道から出てくるのを見る幸せを、味わわせてあげたかったな」

大向うから「豆中村」と声が掛かる。子から孫へ。絶えることなく次の世代が現れる。花道を歩く七緒八君の姿をみていると歌舞伎の連綿たる歴史が思い起こされる。

「もちろん彼がいなくなった穴は大きいし、喪失感もある。ただ彼は常に明るく未来に向いていた。彼を偲んでばかりいるのは、彼自身は望まないと思うんですよ。感傷にひたりたい気持ちもあるけれど、彼の遺志を継いで前に進まなければいけない。その狭間で揺れています。

今月出ていて、いつもこうだといいなと思うのは、新装開場だから着物姿が多く、しかも普段のお着物よりパーティー着に近いものを皆さんお召しになっている。舞台から見ていても、華やぎがぜんぜん違うんですよね。せっかく歌舞伎座に行くんだからと、きっと前の晩からお着物を決めて出していらっしゃるのではと思う。舞台から見る客席が本当に綺麗ですよ」

幕間、客席から大間に出ても、観客の浮き立つような気持ちがわき上がってくるようだった。舞台を観る歓び、劇場を訪ねるハレの気分にあふれていた。

### 音に身をゆだねて踊れるようになった

六月には三津五郎襲名で初めて踊った『喜撰』が出る。前年の「芸の真髄シリーズ」で、圧倒的な技倆と気力体力の充実を見せつけた演目だった。

「この頃、ようやく音に身をゆだねて踊れるようになりました。昭和二十六年一月、二月第四期歌舞伎座開場のときに『文屋と喜撰』を七代目三津五郎《うちのそうそふ》が勤めました（文屋は八代目幸四郎）。それから六十二年たって第五期の開場に、大和屋の『喜撰』が選ばれたことに私はありがたさとうれしさを感じます。

『喜撰』は平安時代の高僧に大道芸のちょぼくれと住吉踊りを踊らせてしまう趣向です。『文屋』もお公家さんの文屋康秀が猪牙舟で吉原へ行く。まあ本当に江戸時代の人は奇想天外なことを考えますよね。

基本的に坊主の踊りは、上半身が男で、下半身が女というのが口伝です。宇治に庵を結んでいる喜撰が、夜な夜な祇園まで水茶屋の女のお梶に会いに来る。迎えに来た弟子の坊主たちと〽姉《あね》さん、おん所《じょ》かえ　と女郎の話をしながら住吉踊りを踊ります。最後には高僧に立ち返って、幕切れになります。

やはり、いい踊りっていうのは曲がいいですよね。『喜撰』が作り出す、なんとも華やかな空間を愉しめるようになってきました。ただ、軽く踊っているように見えますが、実は立ったり座ったりが多いので、肉体的にはだんだん大変になってきます。まだ大丈夫ですけれど（笑）、いつまで踊り続けられるかと考えたりすることもあります」

六月の『助六由縁江戸桜』は、この年二月三日團十郎の急逝を受けて配役が変更になった。『助六』のように役者が揃わなければ出せない演目は、歌舞伎界の地図によってそれぞれの役が変わってくる。

「歌舞伎座さよなら公演の『助六』の時は、僕が福山かつぎで、中村屋（勘三郎）が通人でした。今回、中村屋が亡くなってから配役が決まりましたから、僕のところに初役の通人がきました。元気なら絶対中村屋がやる役ですが僕のところに回ってきた。福山かつぎは菊之助君になりました。僕は團十郎《なりたや》さんの助六の股をくぐるのを楽しみにしていたのに、その助六もいなくなってしまった。もちろん通人ですから愉しさ満面の笑みで出るつもりですが、胸中は複雑な思いがありますね。（中略）
中村屋についても、共演者がいなくなった、しのぎを削った相手がいなくなった以上の思いがあります。中村屋と僕は、言うことが両極でした。にもかかわらずお互いに信頼があるから、僕も中村屋がそう言っているならと聞けた。中村屋も寿がそう言っているんならと受け入れてくれた。お互いの信頼のうえで、さまざまな立場から後輩たちに助言していけたのに、一方だけではね、今後を考えると辛いところですよね。
勘三郎の精神は、今の勘九郎君を見ているとよく伝わっているし、彼も一所懸命やっているから、完全に消えるわけではないと思います。ただ、じゃあ、僕と勘九郎君がやったら、亡き勘三郎とやった舞台と同じものができるかといったらそれは違うでしょう。やはり、人生お互いどれだけの時を過ごしてきたかで違ってしまいます。その相手がいない辛さがありますね」
大立者が次々とこの世を去った。歌舞伎界の未来を担う存在として、ますます三津五郎の果たすべき役割は重くなっていた。

一時間、話し込み、甘いものをご馳走になって楽屋を出た。外へでると雨があがっていた。空に陽が差している。正面に回って、新しい歌舞伎座を見上げた。この劇場で三津五郎がこれから勤める舞台を思い描いてみた。

# 三十一、なぜだ

## 三津五郎五十七歳

前章で歌舞伎座の楽屋に三津五郎を訪ねたときに、この秋の巡業についても話を聞いている。

『野崎村』の久作、『絵島生島』の生島を勤める予定で、三津五郎が座頭の一座だった。久作は老け役である。『摂州合邦辻』の合邦道心に続いて、こうした役にも挑むようになったのだと感慨深く思った。

「うちのお祖父さん（八代目三津五郎）もよくやっていたし、久作をそろそろ手がけてみる気持ちになりました。実は、僕はこの役をやりたい、あの役をやりたいと思わないタイプなんです。自分が勉強になってきたのは、意外な役とぶつかった時に、どう切り抜けようかと、わからないなりにやった時に思わぬ方向に光が見えてきた。今まで壁だと思っていたところにドアがあって、道が開けてきました。やりたいものというのは今の自分の延長線にあって、見えている役です。そうではなくて、意外な出会いがほしいと思っています。

たとえば『義経千本桜』の（渡海屋・大物浦の）知盛は、いつかやってみたいですね。松緑のおじさん（二代目）の知盛の迫力はそばに出ていて今も忘れられません」

これから取り組みたい役を語ってくれてから三ヶ月も経たないうちに、三津五郎の人生が一転する出来事が起きた。

七月に腫瘍が見つかり、早期の膵臓がんだとわかった。抗がん剤治療のあと手術をすると決まったのだという。

先のインタビューでは、勘九郎と踊るのでは、「亡き勘三郎とやった舞台と同じものができるかといったらそれは違うでしょう」といっているが、現実には八月の納涼歌舞伎で、『棒しばり』を勘九郎と踊った。

三津五郎の次郎冠者は、深まっていく酔いとともに、舞もまた遊び心が満ちていく。勘九郎の太郎冠者も端正で、あくまで身体で滑稽味を見せていく。ふたりのツレ舞も身体による対話を観るようで観客を虜にした。

勘三郎の不在を三津五郎が懸命に埋める八月納涼歌舞伎だった。

### 退院直後に記者会見

病を抱えているとは明かさずに、八月を千穐楽まで勤めて、三津五郎は闘病生活に入った。九月三日に四時間にわたる手術が行われた。十月二日には、術後の療養を経て退院の運びとなった。退院直後というのに、三津五郎は記者会見を開いて、みずからの身体をカメラにさらした。秋の巡業も降板して、配役が変わることになった。

記者会見を偶然テレビで見ていた私は、携帯に電話を入れた。頰はこけていたが、入院疲れだろうと思った。

「元気そうですね」

「いや、意外と平気なんですよ。ただ、記者会見に姿を見せないと余計に尾ひれがつくでしょう。だから出たんです」

「かえってよかったですよ。元気な姿が見れて、みんな安心したでしょう。巳之助君、九月の『馬盗人』もがんばっていましたよ」

体調を気遣ってすぐに電話を切ったが、声も明るく、手術が成功した喜びが伝わってきた。

復帰は来春とのことだったが、三月二十八日歌舞伎座で「清元節生誕二百年記念演奏会」で『北州千歳寿』を踊ると聞いたので、取るものも取りあえず駆けつけた。富十郎の名演で知られた『北州』である。

三津五郎はこの荘重なご祝儀物の舞踊を気負わず、飾らず、淡々と踊って飽きさせなかった。神品というべき出来であった。この頃は新聞劇評を書いていたから、公式の取材以外は楽屋に立ち入らなかったが、このときばかりは訪ねずにはいられなかった。元気な顔が見たかった。

巳之助の活躍についてしばらく話したあと、

「病気はね、まったく痛くもかゆくもないし、なんともないんですよ」

明るく他人事のように話していたのが印象に残っている。ただ部屋の隅にいたお嬢さんたちが、久しぶりの大舞台だからか、心配そうにふるまっているのが気になった。

「休んでみるとね、（歌舞伎は一月に）一日でいいから休演日があるといいと思いますよ」

相づちを打ったが、他のお客さんが来たので詳しく話せず、席を辞した。一週間に一度ではない。一月に一度か。三津五郎の切ない気持ちが伝わってきた。同時に舞台復帰に賭ける執念もまた感じられた。私が生前、三津五郎と直接会ったのは、この日が最後になった。

この年の八月納涼歌舞伎で、三津五郎は本興行に復帰した。演目は、『たぬき』（大佛次郎作、大場正昭演出）の金兵衛と『勢獅子』の鶴吉である。

『勢獅子』は、幹部総出演で勘三郎をしのぶ舞踊。『たぬき』は、本格的な芝居で三津五郎の健在振りをだれもが安堵し、楽しんだ。ただ、『たぬき』の舞台は伝染病が蔓延した江戸の町。深川の火葬場に急死したと思われた三津五郎演じる金兵衛の早桶が担ぎ込まれる。弔いも終わり、駆けつけた親族、友人も去った。ところが、ひょんなことから生き返える。これまでの人生を捨てて、新たに生き直そうと決意した金兵衛は、お染（七之助）が嘆き悲しんでいるはずの妾宅へと向かうが、若い男を引き込んでいる。そんな皮肉な筋である。

三津五郎が歌舞伎座の一刻、一刻を楽しんでいるのがよくわかった。身体を大事にして、またよい芝居を見せて下さい。祈らずにはいられなかった。

# 三十二、急な知らせ

## 三津五郎五十九歳

二月二十一日の夕方、読売新聞社から電話があり、三津五郎が未明に亡くなったと聞いた。マスメディアはもちろん、ネットにも訃報が伝えられてはいなかったので驚いた。私は駒込駅から溜池山王へパーティーに出席するために移動中だったが、地下鉄のなかで短いコメントを書いて新聞社に送った。一月に入ってからは、具合がよくないとは聞いていたが、私はこの知らせをまったく予期していなかった。

勘三郎のときの経験から、役者の容態が悪いときは、だれに電話しても教えてはくれないとわかっていたので、友人の携帯に電話して、相手を困らせるようなことはしなかった。それゆえ、突然の訃報を聞くことになったのは仕方がないと思いつつ、ただぼんやりとザ・キャピトルホテル東急の宴会場にいた。

新聞社からはまだ、だれにも話さないでくださいといわれていたが、医師の友人と会ったので、ついもらしてしまった。膵臓がんが見つかったときに、彼女には予後の見通しについて訊ねたこともあって、話さずにはいられなかった。彼女は少し凍り付いた顔をみせたが「残念ですね」と短くいって、パーティーに戻っていった。もうひとり熱烈な歌舞伎贔屓にも思わず話してしまった。よほど動揺していたのだろう。

ひとは嬉しいことも、悲しいことも、ひとりでは抱え込むことができない。

悲しい顔のままでこの場にいるのもどうかと思ったので、三十分ほど会場にいて、自宅に戻った。

葬儀の日程があきらかになり、二十五日に青山葬儀所で行われる葬儀告別式には、勤務先の大学の入試の日程とぶつかって、どうしても伺えないとわかった。ご自宅に弔問に行くべきかどうか迷ったが、番頭さんに連絡をとると「どうぞいらしてください」とのことだったので、二十二日の夕方、青山の邸を訪ねた。ひっきりなしに喪服の男女が出入りしていた。玄関を入ると、旧知の五代目坂東秀調《しゅうちょう》がひとりぽつねんと立って、弔問客の応接をしていた。優しい人柄を知っていたのでほっとした。

黙礼して二階の稽古場にあがり、最後のお別れをした。枕元には長女の守田菜生がいた。坂東流の古いお師匠さんが次々と弔問にいらしていたので、顔にかけた白い布の打ち覆いははずしたままだった。

そばに座って最後のお別れをした。主を失った煙草の中南海とライターが淋しく見えた。

「これからは、空の向こうで、好きな酒も煙草も存分に楽しめますね」

これきり、もう会えないのだなと思ったら、胸が詰まった。私は自分が劇評を書いて、ふたりを擁護していると思い込んでいたが、実際はまるっきり間違っていた。実は、勘三郎と三津五郎に守られてもいたのだとはじめて気がついた。そんなことも気がつかないほど、私は増上慢に陥っていた。もう、その思いも、どこへも持って行きようがない。ふたりにはあの世にいってから話す他はないのだと、青山墓地を抜け一丁目を歩きつつ思った。

二十五日の葬儀は、録画で見た。

唐突な死だというのに、菜生、幸奈、巳之助がしっかりと弔問客を迎え挨拶をした。

「まだまだ、若輩者、未熟者の私がこんなことを申しますのは、はなはだ生意気かとは思いますが、父の藝というのは誰にでもできるような小さな努力を、誰にもまねできないほど膨大な数積み重ねた先にある、ひとつの究極の形だったのではないかと思います。

そんな父ではございますが、プライベートでは藝に対する真面目さはどこに行ってしまったんだと思うくらい自由な人でありました。その自由さのおかげで、いらぬ苦労をしたこともございましたが、今にして思えば、そのスイッチのオンオフのはっきりした性格のおかげで、ずいぶんと楽しい思いもたくさんさせてもらいました。

正直なことを申しますと、まだまだたくさん教えてもらわなくてはならないことがありましたし、また、一緒に楽しい思いをしたかったですが、今、それを申しても帰らぬものでございます」

文才は親譲りで、行き届いたよい挨拶だった。父であり師である三津五郎の藝の本質と人柄を見事に射貫いていた。そして、充分には藝を引き継げなかった無念にあふれていた。悲しみがこぼれた。

## 空白の年表

葬儀から半年が過ぎた。十七代目勘三郎、初代松本白鸚、二代目尾上松緑、六代目中村歌右衛門、七代目尾上梅幸ら昭和の名優たちから、ふたりに直接受け継がれた伝承が、後輩へと十全に伝わることなく途絶えてしまった。この綻びを無念に思う。

本書を書くために、ふたりの業績と関連事項を書き込んだ手作りの年表をノートに作成した。勘三郎は青、三津五郎は緑、関連事項は赤で書いた。三十代後半から近年までぎっしりと埋まっていた年表も、平成二十四年の後半からは青がほとんどなく、緑もまばらになって、白紙が目立ってくる。翌二十五年からは、緑だけが残る。二十七年は、三津五郎の歿日がしるされているだけで、残りは白紙となった。

一冊では足りず、二冊に及んだこの年表を埋める出来事はもう起こらない。書き進めることはできない。そう思うと今も常に机上にある二冊のノートが、生きた証のように思えてきた。なによりふたりが深いところで強く結ばれていたことがよくわかった。

伝承を受け継ぎ、次代を担い、先代を乗り越える、その入口で、これからというのに、ふたりはこの世を去った。限りある命とは知っていたが、こんな残酷を、重ねて、味わうとは思ってもいなかった。今もまだ、私は途方に暮れている。

# あとがき

これまで現代演劇や歌舞伎について評論やエッセイを書いてきた。今回の『天才と名人 中村勘三郎と坂東三津五郎』は、私が批評家として生きてきた半生の総決算である。このふたりがいたから、歌舞伎の評論に深入りした。それだけは間違いない。

平成二十四年十二月に勘三郎、平成二十七年二月に三津五郎が急逝した。

私はこれまでともに走ってきた同世代のふたりを失ってしまった。なんの根拠もないのだが、いつまでも、ふたりとともに走り抜けると思っていただけに、こんな日が現実になるとは思いもしなかった。まるで、はしごをはずされたような心地さえした。勘三郎のときは、呆然として仕事が手につかなかった。三津五郎のときは、逆にしっかりしなければと自分を叱咤した。

同世代でライバルでもあったふたりを交互に書き継ぎ、藝風の違いや生き方のユニークさを浮かび上がらせたいと思った。

公人としてだけではなく、私人としての交友もあったので、断片的ではあるけれど、その思い出を書き残しておくのも私の仕事だと思えてきた。

本書の企画が浮かんだので、文春の波多野文平さんに話したところ、新書編集部に紹介の労をとってくださった。

六月からふたりの足跡を辿る年表の作成に着手し、納涼歌舞伎を記念して八月から原稿を書き始め、九月末に脱稿した。私としては速いペースである。これほど切羽詰まって書いたことははじめてだった。この本を書くことが、私にとってどうしても必要だったとよくわかった。私に課せられた大事な仕事となった。

勘三郎を天才、三津五郎を名人と呼ぶことになんのためらいもない。これからの歌舞伎界を背負っていくのは、このふたりだとだれもが思っていた。高い藝境に達した役者が、ますます研ぎ澄まされた舞台を見せてくれる。十年、いや二十年は楽しませてくれる。そんな期待はもう幻となった。本書を書き上げた今は、亡くなったふたりと重ね合わせながら、その藝の後継者たる勘九郎、七之助、巳之助の進境を楽しみに、劇場へと通うことになるのだろう。

最後になったが、本書をかたちにするために新書編集部の池延朋子さんにご尽力いただだいた。ありがとうございました。

平成二十八年一月三十一日

長谷部　浩

**長谷部　浩**（はせべ ひろし）

1956年生まれ。慶應義塾大学卒。演劇評論家。東京藝術大学美術学部先端芸術表現科教授。紀伊國屋演劇賞選考委員。著書に『菊之助の礼儀』『野田秀樹の演劇』『菊五郎の色気』『傷ついた性—デヴィッド・ルヴォー　演出の技法』など。蜷川幸雄との共著に『演出術』また、編著に、『坂東三津五郎　歌舞伎の愉しみ』『坂東三津五郎　踊りの愉しみ』などがある。

**文春新書**

1066

天才《てんさい》と名人《めいじん》　中村勘三郎《なかむらかんざぶろう》と坂東三津五郎《ばんどうみつごろう》

2016年（平成28年）2月20日　第1刷発行

著　者　長谷部　浩
発行者　飯窪成幸
発行所　株式会社　文藝春秋

〒102-8008　東京都千代田区紀尾井町3-23
電話（03）3265-1211（代表）

印刷所　理想社
付物印刷　大日本印刷
製本所　大口製本

定価はカバーに表示してあります。
万一、落丁・乱丁の場合は小社製作部宛お送り下さい。
送料小社負担でお取替え致します。

©Hiroshi Hasebe 2016　　Printed in Japan

ISBN978-4-16-661066-2

本書の無断複写は著作権法上での例外を除き禁じられています。
また、私的使用以外のいかなる電子的複製行為も一切認められておりません。